W0094457

»Mitleid empfinden« wird seit der Antike diskutiert und ist eine Forderung aller Religionen. Aristoteles zählte das Mitleid zu den irrationalen Regungen. Im 18. Jahrhundert wird die Annahme, daß der Mensch von Natur aus zum Mitleid disponiert sei, dann Gegenstand leidenschaftlich geführter Diskussionen. Auch die Feststellung, daß das Mitleid von Unlust oder sogar Lust begleitet ist, daß man Mitleid genießen kann, wie beispielsweise Nietzsche betont, bleibt bis in unsere Tage aktuell. Mit Rousseau wird uns die humane Basis eines solidarischen Mit-Leidens bewußt, hinter mancher Mitleidsgeste erkennt man aber auch das egoistische Motiv. Die divergierenden Betrachtungsweisen der jüngsten Zeit von u. a. Käte Hamburger und Werner Marx könnten mit dessen hoffnungsvollem Satz einen vorläufigen Abschluß finden: »... man mache sich das immer wieder klar – es gibt auf diesem einen Planeten, in dem gefühllosen Weltenraum, ein Wesen, das diese Möglichkeit, *mitleiden* zu können, in sich trägt.«

insel taschenbuch 2503
Vom Mitleid

Vom Mitleid

Die heilende Kraft
Herausgegeben
von Ulrich Kronauer

Insel Verlag

Umschlagfoto: Bildagentur Schuster/Liaison

insel taschenbuch 2503
Erste Auflage 1999
Originalausgabe
© Insel Verlag Frankfurt am Main und Leipzig 1999
Alle Rechte vorbehalten
Kein Teil des Werkes darf in irgendeiner Form
(durch Fotografie, Mikrofilm oder andere Verfahren)
ohne schriftliche Genehmigung des Verlages reproduziert
oder unter Verwendung elektronischer Systeme
verarbeitet, vervielfältigt oder verbreitet werden
Textnachweise am Schluß des Bandes
Vertrieb durch den Suhrkamp Taschenbuch Verlag
Umschlag nach Entwürfen von Willy Fleckhaus
Satz: Hümmer GmbH, Waldbüttelbrunn
Druck: Nomos Verlagsgesellschaft, Baden-Baden
Printed in Germany

1 2 3 4 5 6 – 04 03 02 01 00 99

Inhalt

Vom Nutzen und Nachteil des Mitleids

Mitleid als Problem –
ein geistliches Gerichtsspiel
Von Ulrich Kronauer

In einem geistlichen Gerichtsspiel des ausgehenden Mittelalters mit dem Titel »Ain Recht das Christus stirbt« kämpft Maria durch drei gerichtliche Instanzen hindurch um das Leben ihres Sohnes; zuletzt appelliert sie an das »Recht der Barmherzigkeit«, aber vergebens. Christus muß sterben, damit die Menschheit errettet werde. Die Anstrengungen der verzweifelten Mutter sind ergreifend und sollen beim Zuschauer Mitleid erwecken. »Die Klag wird sein mit Schmerzen und weh tun an dem Herzen, Maria der werten Mutter«, heißt es in der Vorrede des Stückes. Auch Marias Gebärden vermitteln den Schmerz, so, wenn sie klagend zum Himmel sieht, niedersinkt und von ihrem Sohn aufgefangen werden muß. Ihr »jämmerliches Geschrei« dringt bis zu Gott Vater, und die himmlischen Heerscharen sind davon bewegt und »tragen großes Mitleiden«. Das Leid Mariens gibt dem Zuschauer einen Eindruck von der Größe des Opfers, das Christi Tod bedeutet. Zugleich aber und stärker noch verdeutlicht die Unerbittlichkeit, mit der alle anderen am Gerichtsprozeß Beteiligten, ihrem Mitgefühl mit der Mutter zum Trotz, auf dem Opfertod des Sohnes bestehen, daß die Pläne Gottes auf die elementare Regung des Mitleids keine Rücksicht nehmen können. Und der Zuschauer beginnt zu verstehen, daß er selbst der Mitleidsempfindung keine zu große Gewalt über sich einräumen darf.[1] Wie schon in der antiken Philosophie erweist sich die Emotion Mitleid als schädlich, sofern sich der Mensch von ihr bestimmen läßt. Dann wird sein Urteilsvermögen getrübt, er kann, in unserem Beispiel, den Heilsplan Gottes nicht erkennen, oder er läßt sich zu unbedachten Taten verleiten. Deshalb kann es auch nicht im Sinne der christlichen Lehre sein, einer wohltätigen Handlung allein deshalb ihren Wert zuzusprechen, weil sie dem Mitleidsaffekt entspringt. Barmherzigkeit muß durch Gott vermittelt werden: »seid barmherzig, wie auch euer Vater barmherzig ist« (Lukas 6, 36).

Unser Gerichtsspiel hat so ein Spektrum der Aspekte entfaltet, die sich mit dem Mitleidsthema verbinden lassen. Da ist zunächst die rhetorische und dramaturgische Komponente. Die Erregung von Mitleid gehört, wie etwa das Aristotelische Werk zeigt, zu den wesentlichen Bestandteilen der Rede- und der Schauspielkunst. In seiner *Rhetorik* hat Aristoteles eine Fülle von Beobachtungen über die Entstehung der Mitleidsempfindung aufgezeichnet. Diese Beobachtungen werden von den Theoretikern des Mitleids über viele Jahrhunderte hinweg bestätigt, etwa die, »daß das, was man für sich selbst fürchtet, Gegenstand des Mitleids ist, wenn es anderen widerfährt«. Denn es handelt sich dabei ja um elementare menschliche Erfahrungen: die Angst, die die Mutter Maria um ihren vom Tode bedrohten Sohn leidet, kann jede Mutter und jeder Vater nachvollziehen. Auch die Feststellung, daß die Nähe des Leids für das Mitleiden wesentlich ist, findet sich in der Folge immer wieder; etwa bei Mandeville, bei Hume oder bei Diderot. Diese Nähe gehört auch zu den Voraussetzungen, unter denen das Trauerspiel wirkt: die Zuschauer stehen im Bann eines Geschehens, bei dem nicht nur durch die Handlung, sondern auch durch die Gestik, Mimik und Sprache der

Schauspieler Mitleid erzeugt wird. Lessing hat dann den Mitleidsaffekt ins Zentrum seiner Überlegungen zum Trauerspiel gerückt.

In dem geistlichen Gerichts- oder Passionsspiel »Ain Recht das Christus stirbt« ist die Erregung von Mitleid nicht, wie dann beim jungen Lessing, Zweck der Veranstaltung, sondern Mittel. Im Hintergrund steht die pädagogische Absicht, den Zuschauer über die Erregung von Mitleid zur Besinnung zu bringen. Es bleibt im Dunkeln, ob dem Verfasser unseres Stückes die Forderung aus Aristoteles' Poetik bekannt war, mit Hilfe von Mitleid und Furcht eine Reinigung von eben solchen Affekten zu bewirken. Deutlich läßt sich aber erkennen, daß weniger eine Reinigung im Sinne einer, vielleicht sogar medizinisch gedachten, ›Purgierung‹ beabsichtigt ist, als vielmehr eine Relativierung, eine Einschränkung der Mitleidsempfindung aufgrund einer Einsicht. Gefühl und Einsicht geraten so in einen Gegensatz, und damit tritt der Aspekt einer Wertung des Mitleidsaffekts in den Vordergrund. Zwar behält das Mitleid sein Recht als ein elementares Gefühl im Rahmen des menschlichen Zusammenlebens, wie auch der Kirchenvater Laktanz betont hat. Der Zuschauer darf aber nicht bei dieser Empfindung stehenbleiben; er muß einsehen, daß menschliche Gefühle keine Kriterien liefern für die Beurteilung des Heilsgeschehens, in dem sich auf ganz andere Weise ein Teilnehmen ausdrückt. Angesichts des Erbarmens Gottes mit der Menschheit ist das menschliche Mitleid kein tauglicher Maßstab. Das in der Heiligen Schrift geoffenbarte Wort Gottes muß ausgelegt, es darf aber nicht im Lichte menschlicher Gefühle korrigiert werden. Dem

Zuschauer des Gerichtsspiels, der eine gelehrte Disputation hierüber kaum hätte nachvollziehen können, wird so ein zentrales ethisches und theologisches Problem anschaulich und nahegebracht. Daß dies gelingt, hängt wesentlich mit jener Fähigkeit zum Mitleiden selbst zusammen, die der Verfasser des Gerichtsspiels voraussetzen kann und die in ihrer Parteilichkeit eine objektive Erörterung des komplizierten Sachverhalts nachgerade unmöglich macht.

Frühe Etappen der Diskussion

Diskutiert und problematisiert wird die Mitleidsempfindung seit der Antike.[2] Aristoteles zählt sie in seiner *Nicomachischen Ethik* zu den irrationalen Regungen, wie die Begierde, den Zorn, die Angst, die blinde Zuversicht, den Neid, die Freude, die Regung der Freundschaft, des Hasses, die Sehnsucht und die Mißgunst. All dies sind Empfindungen, die von Lust oder Unlust begleitet werden und die im Menschen angelegt sind. Besonders die Annahme, daß der Mensch von seiner Natur her zum Mitleid disponiert sei, wird dann später, vor allem im 18. Jahrhundert, immer wieder Gegenstand einer mit Leidenschaft geführten Diskussion. Auch die Feststellung, daß das Mitleid von Unlust oder sogar Lust begleitet ist, daß man Mitleid also genießen kann – wie beispielsweise Nietzsche, aber auch, unter anderen Voraussetzungen, Mendelssohn betont –, bleibt bis in unsere Tage aktuell.

Mit seiner Bestimmmung, das Mitleid sei eine irratio-

nale Regung, hat Aristoteles bereits die Richtung ange-
zeigt, in die die ethische Wertung dieses Phänomens in
der Folge gehen wird. Mitleid steht der Bemühung um
Selbstbeherrschung und vernünftige Selbstbestimmung
entgegen. Dies hat schon Platon in seiner *Politeia* in bezug auf die Dichtkunst mit Nachdruck festgestellt. Die
Erregung der Mitleidsempfindung ist verführerisch; sie
verleitet den Menschen, der sich bei eigenem Unglück um
Fassung bemüht hat, dazu, sich nachträglich von dieser
Anstrengung zu entlasten, indem er bei erdichtetem Leid
der süßen, lustvollen Empfindung nachgibt. Dadurch
wird, so glaubt Platon, die Bereitschaft, zukünftiges Leid
zu ertragen, untergraben. Seneca hat in seiner Schrift
De clementia (Über die Güte) das Charakteristikum der
Schwäche hervorgehoben: Mitleid ist »der Mangel eines
kleinen Geistes, der beim Anblick fremder Leiden zusammenbricht«. Es sind die »Frauen und Weiblein«, die,
ohne auf den Sachzusammenhang zu achten, tränen-
blind dem Impuls des Mitleids folgen und damit jeder
vernünftigen Entscheidung unzugänglich sind. Exzessi-
ves Mitleid ist weibisch. In Kants *Anthropologie in prag-
matischer Hinsicht* klingt diese Vorstellung an, wenn er
sich gegen das »Jammern und Schluchzen«, von dem
auch Seneca spricht, wendet: »Nur die Anwandlung zu
Thränen, und zwar aus großmüthiger, aber ohnmächti-
ger Theilnehmung am Leiden Anderer kann dem Mann
verziehen werden, dem die Thräne im Auge glänzt, ohne
sie in Tropfen fallen zu lassen, noch weniger sie mit
Schluchzen zu begleiten und so eine widerwärtige Musik
zu machen«.[3] Seneca verwirft, noch radikaler, selbst die
Anwandlung zu Tränen. Denn er hat das stoische Ideal-

bild des heiteren, stets gelassenen, mitleidslosen Weisen im Sinn, der Herr seiner selbst ist und der ausschließlich der Vernunft folgt. Gleichwohl ist der Weise keineswegs unmenschlich. Man muß, schon im Blick auf Nietzsche, der viel von Seneca gelernt hat, zugleich mit der Mitleidsfeindlichkeit die Güte und Menschenfreundlichkeit des Weisen sehen. Gerade weil der Weise seelisch im Gleichgewicht ist, weil er nicht »außer sich«, nicht vom Affekt überwältigt ist, kann er helfen, ohne Schaden anzurichten und ohne vor fremdem Leid zurückzuschrecken. Seine Hilfe wird unaufdringlich sein, sie kommt von Mensch zu Mensch, sie wird denjenigen, der Hilfe nötig hat, nicht verletzen oder demütigen. Der Weise ist also mitleidslos und handelt zugleich wie ein Mitleidiger: »alles was die tun sollen, die sich erbarmen, wird er gern und erhobenen Sinnes tun.«

Innerhalb der Diskussion über den ethischen Wert der Mitleidsempfindung nimmt Seneca eine extreme Position ein, nicht zuletzt deshalb, weil er den Kreis derer, die gut zu handeln in der Lage sind, aufs Äußerste einschränkt. Nicht einmal Spinoza, der gewöhnlich zu den Mitleidsfeinden gerechnet wird, weil er das Mitleid für einen von der Vernunft geleiteten Menschen unwürdig hält, bestreitet, daß diese Empfindung bei den gewöhnlichen Menschen zur Menschlichkeit beiträgt. Nietzsche allerdings knüpft in der Selbststilisierung des Mitleidsfeindes mit pädagogischer Mission dann wieder deutlich an den stoischen Weisen an, wenn er Zarathustra ausrufen läßt: »So seid mir gewarnt vor dem Mitleiden: *daher* kommt noch den Menschen eine schwere Wolke! Wahrlich, ich verstehe mich auf Wetterzeichen!«

Bereits Laktanz andererseits, dessen *Institutiones* am Anfang des 4. Jahrhunderts entstanden sind, wehrt sich gegen die Negativbestimmung der Mitleidsempfindung durch die Stoiker, besonders durch Zenon, der, wie Laktanz sagt, Mitleid als Geisteskrankheit behandeln wollte. Für Laktanz dagegen enthält dieser Affekt die »humanitas«: Erst durch Mitleid wurde menschliches Zusammenleben und der Schutz vor wilden Tieren gewährleistet. Mitleid ist, wie dann Rousseau schreibt, eine »Disposition, die für so schwache und so vielen Übeln ausgesetzte Wesen, wie wir es sind, angemessen ist«. Auch die weitere Ausführung dieses Gedankens rückt Laktanz in überraschende Nähe zu Rousseau: beide verstehen Mitleid als angeborenen Widerwillen dagegen, einen Mitmenschen leiden zu sehen. Der Mensch ist also von Natur aus keineswegs aggressiv. Allerdings folgt für Laktanz aus dieser Grundbefindlichkeit unmittelbar schon die Gesellschaftlichkeit des Menschen, während Rousseau – und damit überfordert er bis auf den heutigen Tag seine Interpreten – daran festhält, daß der Mensch von Natur aus nicht gesellig ist.

Das Jahrhundert der Mitleidsethik

Damit ist bereits der Bogen ins 18. Jahrhundert geschlagen, in dem die Mitleidsethik ihre erste Blütezeit erlebt. Allerdings zieht zunächst eine Schrift die Aufmerksamkeit auf sich, die noch einmal die ethische Minderwertigkeit des Mitleids herausstellt und die gleichwohl die »Mitleidsfreunde« nachhaltig beeindruckt hat. 1714 veröffentlicht der in England lebende und praktizierende holländische Arzt Bernard de Mandeville *The Fable of the Bees: or, Private Vices, Publick Benefits*. Zu einem großen Erfolg wird dann die Ausgabe von 1723, die auch *die Abhandlung über Barmherzigkeit, Armenpflege und Armenschulen* enthält – eine Schrift, die u. a. von Barmherzigkeit und Mitleid handelt und deren Titel einen erbaulichen Traktat erwarten läßt. Doch Mandeville will keineswegs einer aus Mitleid herrührenden Wohltätigkeit das Wort reden; ganz im Gegenteil. Der Untertitel der *Bienenfabel: private Laster – öffentliche Vorteile* kündigt den Grundgedanken der berühmt-berüchtigten Schrift insgesamt an: nicht die Tugend, sondern das Laster befördert das Gemeinwohl und den Reichtum eines Volkes. Mandeville hält der englischen Gesellschaft des frühen 18. Jahrhunderts den Spiegel vor. Die Menschen sind in ihrem Handeln fast ausschließlich von egoistischen Motiven bestimmt. Selbst bei scheinbar selbstlosen Taten für die Allgemeinheit wird man Stolz, Empfänglichkeit für Lob oder Schmeichelei als Motiv unterstellen dürfen. Wenn man das gesellschaftliche Treiben illusionslos betrachtet, erkennt man aber auch, daß die egoistischen Impulse sich positiv auswirken können. Sie tragen zum allgemeinen Besten bei, da die Menschen mit ihrem Streben nach Genuß und Konsum die Produktion anregen. Sogar die Verbrecher fügen sich in dieses Bild ein. Denn derjenige, der einem reichen Geizhals eine große Summe raubt und das Geld wieder unter die Leute bringt, fördert damit den Handel. Funktionieren kann ein solches System allerdings nur dann, wenn es eine große Zahl von Armen gibt, die ihre Arbeitskraft billig verkaufen müssen und die so die Konkurrenzfähigkeit der englischen Wirtschaft gewährleisten. In jeder Hinsicht dumm und schädlich ist es daher beispielsweise, Armenschulen einzurichten, da die Kinder der Armen die Kenntnisse, die sie dort erwerben, für ihre zukünftige Existenz nicht gebrauchen können. Darüber hinaus wird bei den Armen so nur eine Anspruchshaltung erzeugt, die dem Gemeinwohl schadet.

Es fällt nicht leicht, bei Mandeville zwischen nüchterner Analyse und Satire zu unterscheiden. Ganz ernst meint er es jedenfalls mit der Entlarvung scheinbar selbstloser Motive, und er schließt dabei das Mitleid mit ein. In einer *Untersuchung über den Ursprung der sittlichen Tugend*, die ebenfalls in der *Bienenfabel* enthalten ist, führt er aus: »Das Mitleid ist zwar der sanfteste und unschädlichste von allen unseren Affekten, aber doch ebensosehr eine Schwäche unserer Natur wie Wut, Stolz oder Furcht. Die zartesten Gemüter haben gewöhnlich den größten Anteil davon, aus welchem Grunde Frauen und Kinder das meiste Mitgefühl besitzen. Man muß es zugeben: von allen unsern Schwächen ist es die liebenswürdigste und steht sittlichem Verhalten am nächsten; ja, ohne beträchtliche Beimischung davon könnte die Gesellschaft sogar kaum auskommen. Da es aber auf einem natürlichen Instinkt beruht, der sich weder aus öffentlichem Interesse noch aus unserer Vernunft herleitet, so kann es ebensogut Schlimmes wie Gutes hervorbringen. Es hat mitgeholfen, die Ehre von Jungfrauen zu vernichten, es hat die Unparteilichkeit von Richtern verdorben, und wer auch immer aus Mitleid als Prinzip handelt, er hat sich, welchen Nutzen er auch der Gesellschaft bringen mag, mit nichts anderem zu rühmen, als daß er sich einem Gefühl überließ, das zufällig der Allgemeinheit zum Vorteil gereichte. Es liegt kein Verdienst darin, ein unschuldiges Kindchen zu retten, das nahe daran war, ins Feuer zu fallen. Die Handlung ist weder gut noch schlecht, und welchen Nutzen das Kind auch davon haben mag, wir verfahren dabei lediglich in unserem eigenen Interesse. Denn seinen Fall gesehen und nicht gestrebt zu haben, ihn zu verhindern, würde eine Pein verursacht haben, die der Selbsterhaltungstrieb uns zu vermeiden zwang. Keiner größeren Tugend hat sich ein reicher Verschwender zu rühmen, der zufällig ein mitleidiges Temperament hat und sich seinen Regungen zu überlassen liebt, wenn er dem Gegenstande seines Mitgefühls mit einer für ihn selbst wertlosen Kleinigkeit aus der Not hilft.«[4]

Einige der hier vorgebrachten Argumente finden sich bereits bei Aristoteles, bei Seneca oder bei Spinoza. Das positive Gegenprinzip zum Mitleid wird allerdings von Mandeville nicht, wie von Spinoza, aus der vernünftigen Einsicht in die Notwendigkeit ewiger Gesetze gewonnen. Es ist vielmehr, als Barmherzigkeit, den dominierenden egoistischen Impulsen abgetrotzt und erweist sich selbst noch, beispielsweise in der unsinnigen Förderung der Armenschulen, als problematisch.

Über seine Vorgänger hinaus geht Mandeville in der Intensität, mit der er die Wirkung der Mitleidsempfindung beschreibt. Diese Wirkung geht bis zur Überwältigung und schmerzvollen Peinigung; die Menschen werden in bestimmten Fällen zur hilfreichen Handlung getrieben, weil sie die Schmerzen des Mitleidens nicht aushalten. Vielleicht denkt der große französische Aufklärer Denis Diderot an Mandeville, wenn er Zweifel an der Idealkonstruktion des Weisen anmeldet, wie ihn Seneca gezeichnet hat. »Zenon sagte, und nach ihm Seneca: ›Aber ohne Mitleid und Mitgefühl wird unser Philosoph all das tun, was der mitfühlende und mitleidige Mensch tut ...‹ Ich bezweifle das. Indem der mitfühlende und mitleidige Mensch demjenigen hilft, der leidet, schafft er sich selbst Erleichterung.«[5] Dieses, im Sinne Mandevilles, egoistische Motiv für mitleidiges Handeln ist – als Impuls nämlich, sich von einem Leidensdruck zu befreien – sehr viel plausibler als die souveräne Haltung des Weisen. So wird man das Argument Diderots verstehen dürfen, das sich dann auch gegen Mandevilles Wertung der Barmherzigkeit wendet. Mandeville hat in seiner *Abhandlung über Barmherzigkeit, Armenpflege und Armenschulen* selbst, sicher ohne dies zu wollen, einer Aufwertung des Mitleidsaffekts auf Kosten der Tugend der selbstlosen Liebe, die er Barmherzigkeit nennt, den Weg bereitet. Denn zum einen ist seine Beschreibung barmherzigen Verhaltens, entsprechend seiner Prämisse, daß egoistische Motive dominieren, nicht frei von ironischen Untertönen. Zum anderen betont er das humane, alle Menschen verbindende Fundament der Mitleidsempfindung. Schließlich macht er die Wirkung des kreatürlichen Mitleids so anschaulich, daß sie der Leser am eigenen Leibe erfährt. Indem er den Leser in die Rolle des Zuschauers versetzt, vor dessen innerem Auge sich das grauenvolle Drama der Tötung eines kleinen Kindes durch eine wilde Sau in allen Details abspielt, evoziert er die Verzweiflung, das Entsetzen, die Peinigung und den

Drang, Hilfe zu leisten, die mit der Mitleidsempfindung verbunden sein können.

Die Charakterisierung des Affekts, die Mandeville diesem Beispiel folgen läßt – ein Beispiel, das Rousseau und wohl nicht nur ihn ungemein beeindruckt hat –, unterstreicht die unmittelbare, durch andere Leidenschaften nicht beeinträchtigte, alle Menschen einschließende Wirksamkeit des Mitleids. Die Passage endet mit einem Satz, der auch in einem Werk der Mitleidsfreunde Rousseau oder Diderot stehen könnte: »Niemand, der Menschenantlitz trägt, hätte ein so verhärtetes Herz, daß es sich bei einem Anblick, für den keine Sprache der Welt den rechten Namen hätte, nicht vor Schmerz zusammenkrampfte.« In der unmittelbaren Konfrontation mit dem entsetzlichen Leid – »Mitleid hängt in hohem Maß von dem Anblick seines Objekts ab«, sagt Hume – wird auch derjenige, der sich dem Leid seiner Mitmenschen gewöhnlich verschließt, vom Affekt überwältigt. Rousseau referiert in seinem *Diskurs über die Ungleichheit* Mandevilles Beispiel und führt dabei eine neue Gestalt ins schreckliche Geschehen ein: die Mutter, der die wilde Sau das Kind von der Brust reißt. Bei Mandeville hatte das Kind unbeaufsichtigt im Hof gespielt. Es ist nicht ersichtlich, ob Rousseau Mandevilles Beispiel absichtlich verändert oder ob er es aus dem Gedächtnis falsch wiedergibt. Jedenfalls fügt er den in der Mitleidsethik geläufigen Topos der um ihr Kind leidenden Mutter hinzu.

Rousseau und Diderot gilt die Mitleidsempfindung deshalb als besonders wertvoll, weil sie sich unmittelbar auswirkt, weil sie nicht durch die Vernunft kontrolliert wird. »Die Vernunft erzeugt die Eigenliebe und die Reflexion verstärkt sie; sie läßt den Menschen sich auf sich selbst zurückziehen; sie trennt ihn von allem, was ihm lästig ist und ihn betrübt.« So schreibt Rousseau im *Diskurs über die Ungleichheit* von 1755, der zu den radikalsten kulturkritischen Schriften überhaupt gehört. An der berühmten Mitleidspassage dieser Schrift, die starken Einfluß auf Lessing und dann auf Schopenhauer ausgeübt hat, ist übrigens auch Diderot beteiligt, der zu dieser Zeit mit Rousseau eng befreundet ist. Das Mitleid ist für Rousseau ein Prinzip, mit dem der Mensch von der Natur ausgestattet wurde und das jeder Reflexion vorausgeht. Selbst bei Tieren finden sich Anzeichen einer Mitleidsregung. Das andere natürliche Prinzip ist die Selbstliebe oder der Selbsterhaltungstrieb – nicht zu verwechseln mit der Eigenliebe, die nicht natürlich ist, sondern »nur ein relatives, künstliches und in der Gesellschaft entstandenes Gefühl, das jedes Individuum dazu veranlaßt, sich selbst höher zu schätzen als jeden anderen, das den Menschen all die Übel eingibt, die sie sich wechselseitig antun und das die wahre Quelle der Ehre ist«.[6]

Selbsterhaltung und Mitleid sind also originär und natürlich, Vernunft und Eigenliebe dagegen haben sich erst im Verlauf der Menschheitsgeschichte herausgebildet. Sobald der ursprünglich einzelgängerische Mensch beginnt, sich zu vergesellschaften – wozu er nicht durch inneren Antrieb, sondern durch äußere Anstöße veranlaßt wird –, setzt die Leidensgeschichte des Menschengeschlechts ein; ausgehend von einem Zustand der Autonomie und Autarkie endet der Mensch schließlich in einem von Egoismus und Machtinteresse beherrschten Gesellschaftszustand, der auf völliger Ungleichheit beruht und in dem der Mensch des Menschen Feind ist. Rousseau hat damit die zu seiner Zeit eher geläufige Vorstellung eines ursprünglichen Krieges aller gegen alle, dem nur mit staatlicher Organisation und sittlicher und kultureller Verfeinerung abgeholfen werden kann, in ihr Gegenteil verkehrt. Anders als Hobbes hält er den Menschen, wie er von Natur aus ist, für friedfertig.

Nun darf man aber das »Prinzip Mitleid« nicht in der Weise überstrapazieren, daß man den Rousseauschen Naturmenschen zum Menschenfreund macht. Mitleid bedeutet zunächst einen »Widerwillen« dagegen, seinesgleichen leiden zu sehen, und keinen Antrieb zu aktiver, längerfristiger Hilfeleistung. Die historische Ausgangssituation des Gattungswesens Mensch, die Rousseau keineswegs als Idylle gezeichnet hat, läßt keine engeren Beziehungen zu. Die Einzelnen begegnen sich nur selten und zufällig, sie erkennen sich nicht wieder, da Vernunft und Gedächtnis noch nicht entwickelt sind. Die Kontakte zwischen den Geschlechtern sind kurz und dienen nur der physischen Befriedigung. Auch gibt es Situationen, in denen der Widerwille gegen fremdes Leid durch die Notwendigkeit der Selbsterhaltung außer Kraft gesetzt wird. Rousseau führt im Vorwort seine beiden Grundprinzipien ein und schreibt: »Auf diese Weise ist man nicht genötigt, aus dem Menschen einen Philosophen zu machen, ehe man einen Menschen aus ihm macht; seine Pflichten gegen andere werden ihm nicht bloß von den späten Lehren der Weisheit vorgeschrieben; und solange er dem inneren Antrieb des Mitleids nicht widersteht, wird er niemals einem anderen Menschen noch selbst irgendeinem empfindenden Wesen etwas zuleide tun, ausgenommen in dem legitimen Fall, in dem seine Erhaltung betroffen ist und er deshalb verpflichtet ist, sich selbst den Vorzug zu geben.«[7]

Ausschließlich in der Empfindungsfähigkeit begründet, kann das Mitleid von einer stärkeren Empfindung verdrängt werden, wenn sich der Mensch bedroht fühlt. Diese Bedrohung kann von einem Tier ausgehen, dem der Naturmensch aber nur ausnahmsweise aggressiv begegnet. Normalerweise ist das Tier als empfindendes Wesen in die menschliche Mitleidsempfindung eingeschlossen. Der Gedanke, daß das Mitleid auch den Tieren gilt, hat Schopenhauer zutiefst beeindruckt. Und Horkheimer wird dann, im Anschluß an Schopenhauer, schreiben: »Die Tiere bedürfen des Menschen.«

Man hat bei der Interpretation des Diskurses *Über die Ungleichheit* häufig übersehen, daß der Mitleidsbegriff von Rousseau mehrschichtig angelegt ist. Mitleid gehört einmal zur Grundverfassung des empfindungsfähigen Menschen. Im Naturzustand, in dem der Mensch noch nicht in Relation zu seinesgleichen lebt, in dem er also auch noch nicht reflektiert, bleibt es bei einer starken, aber dunklen Empfindung, die ihn davon abhält, grundlos über ein empfindendes Wesen herzufallen, und die ihm beim Anblick fremden Leidens großes Unbehagen bereitet. Im Gesellschaftszustand, sobald Erinnerungsfähigkeit und Vernunft entwickelt sind, kommt etwas Neues hinzu: Mitleid aus eigener Leidenserfahrung.

Im *Emile* überträgt Rousseau diesen innerhalb der

Menschheitsgeschichte entscheidenden Schritt auf die Ebene der Entwicklung eines Menschen. Zu einem bestimmten Zeitpunkt hat der junge Emile die Voraussetzungen erlangt, um auf wahrhaft menschliche Weise mit anderen Menschen zu leben; dann nämlich, wenn er sich selbst als dem Leiden ausgesetztes Wesen erfahren hat und deshalb in der Lage ist, im Anderen den Leidenden oder den vom Leiden Bedrohten zu erkennen. Diese Perspektive des Leidens ist umfassend. Sie schließt alle Menschen mit ein, weil der Mensch ein sterbliches Wesen ist und weil er jederzeit von Krankheit und seelischer oder materieller Not bedroht wird. Im *Diskurs über die Ungleichheit* gehört die Todeserfahrung zu den »Errungenschaften«, die den Menschen erst zum Menschen machen: »die Kenntnis des Todes und seiner Schrecken ist eine der ersten Errungenschaften, die der Mensch gemacht hat, als er sich vom tierischen Zustand entfernte«.[8]

»Nicht unkundig des Leids, lernte ich Elenden beistehn«: dieser Vers Vergils, den dann der italienische Theologe Ubaldo Cassina im unmittelbaren Anschluß an Rousseau als Motto seines Buches über das Mitleid wählt, umreißt das Rousseausche Mitleidsprogramm. Im *Diskurs über die Ungleichheit* werden alle gesellschaftlichen Tugenden aus dem Mitleid abgeleitet. Rousseau nennt als Beispiele für diese Tugenden Großmut, Milde, Menschlichkeit, die sich auf die Schwachen, die Schuldigen oder sogar die menschliche Gattung allgemein erstrecken. Das Menschengeschlecht insgesamt ist Gegenstand des Mitleids – eine These, die erst verständlich wird, wenn man die Geschichte der Menschheit, die

Rousseau in seinem Diskurs nachzeichnet, als Leidensgeschichte versteht. Und ein Moment höchster Tragik ist in dieser Geschichte enthalten. Die Menschen nämlich, die des aktiven Mitleids eigentlich erst im Gesellschaftszustand bedürfen, da dieser Zustand permanent Leiden erzeugt, werden im Verlauf der Geschichte zunehmend unfähig, Mitleid zu empfinden. Ständig wachsende Eigenliebe und die Notwendigkeit, im Zustand der Ungleichheit die eigene Existenz zu sichern, lassen diese Empfindung nicht wirksam werden.

Im *Emile* konstruiert Rousseau die Ausnahmesituation optimaler menschlicher Entfaltung unter der Leitung eines Erziehers, der die möglichen Gefährdungen und Beeinträchtigungen des Mitleidsvermögens kennt und von dem jungen Mann fernzuhalten sucht. Welcher Aufmerksamkeit und Sensibilität seitens des Erziehers es hierbei bedarf, illustriert ein Beispiel, in dem der noch nicht lebenserfahrene Knabe naiv das Richtige sieht und der Erzieher die Unschuld der Mitleidsempfindung schützen will: »Ich stelle mir meinen Emile vor, wie er bei einem Streit zweier Nachbarinnen auf die wütendste von beiden zugeht und in mitleidigem Tone sagt: Gute Frau, Sie sind krank, ich bedaure das sehr. Dieser plötzliche Einfall bliebe sicher nicht ohne Wirkung auf die Zuschauer und vielleicht auch auf die Streitenden. Ich würde ihn allerdings ohne zu lachen, zu schelten oder ihn zu loben, mit oder ohne Zwang hinwegbringen, und zwar, ehe er die Wirkung beobachten kann. Jedenfalls beeilte ich mich, ehe er darüber nachzudenken beginnt, ihn durch andere Dinge zu zerstreuen, damit er den Vorfall bald vergißt.«[9] Als offene oder versteckte Feindseligkeit, als Konkurrenzkampf und Krieg aller gegen alle beschreibt Rousseau im *Diskurs über die Ungleichheit* den fortgeschrittenen Gesellschaftszustand. Daß sich dabei aber keine urwüchsigen Kräfte austoben, sondern daß die menschliche Natur pervertiert wurde, daß die Menschen nicht gesund, sondern krank sind und bemitleidenswert, weil sie leiden, ohne dies selbst zu erkennen – all dies ahnt der unschuldige Emile, all dies weiß Rousseau, dem der verheerende Einfluß des gesellschaftlichen Lebens nicht die wahre Sicht der Dinge zerstören konnte. Und dieses Wissen versucht er mitzuteilen. Letztlich appelliert er im *Diskurs über die Ungleichheit*, der deshalb nicht ausschließlich Negativanalyse ist, an die einzige, verschüttete, positive Macht, die aus dem gesellschaftlichen Unglück noch einen Ausweg weisen kann: an die Leidens- und Mitleidensfähigkeit des Lesers, der im *Diskurs über die Ungleichheit* seine eigene Geschichte wiedererkennt.

Ein die Zeitgenossen besonders beeindruckendes Beispiel für das verschüttete, aber nicht völlig zerstörte Mitleid liefert der Zuschauer im Trauerspiel. Im Freiraum des Theaters, dem Existenzkampf für wenige Stunden entrückt, bricht ein Mensch angesichts gespielten Leids in Tränen aus, der im realen Leben nach Kräften zu diesem Leid beitragen würde. Diderot, der als Mitarbeiter von Guillaume Raynal in der *Geschichte beider Indien* Mitleid als Grundlage der gesellschaftlichen Tugend beim Naturvolk der Karaiben findet, spricht in seinen dramentheoretischen Schriften dem Schauspiel nicht zuletzt die Aufgabe zu, den Menschen durch die Erregung der Mitleidsempfindung besser zu machen. Und Lessing erklärt unter dem Eindruck von Rousseaus Diskurs die Mitleidserregung zum hauptsächlichen Zweck des Trauerspiels.[10]

In einem Briefwechsel, den er 1756/57 mit den Freunden Mendelssohn und Nicolai über die Bestimmung des Trauerspiels führt, hält er am Ziel der Besserung des Zuschauers fest, während seine Freunde die Erregung von Leidenschaften in den Vordergrund stellen und damit die ästhetische Lust aufwerten, der im Zeitalter des Rationalismus Descartes' und seiner deutschen Nachfolger mit Skepsis begegnet worden war. Mendelssohn beschreibt in seinen *Briefen über die Empfindungen* eindrucksvoll, welchen Genuß die »gemischte Empfindung« Mitleid bereiten kann, wenn zur Liebe, die man für einen Menschen empfindet, die Teilnahme an seinem Leid hinzukommt. Mendelssohns Beschreibung läßt auch etwas von dem Freundschaftskult ahnen, der im Zeitalter der Aufklärung gepflegt wurde. Für die kreatürliche Nötigung des Mitleids, wie sie Mandeville, aber auch Rousseau und Diderot gekannt haben, ist in Mendelssohns Vorstellungswelt kein Platz. Selbst das Mitleid mit dem Delinquenten, dem die Hinrichtung bevorsteht, ist in Menschenliebe begründet. Lessing geht es im Briefwechsel – später, in der *Hamburgischen Dramaturgie*, hat er seinen Standpunkt modifiziert – bei der Erregung des Affekts nicht um die Mitleidsempfindung an sich, sondern er sieht die Bestimmung der Tragödie darin, »unsre Fähigkeit, Mitleid zu fühlen« zu erweitern. Denn »der mitleidigste Mensch ist der beste Mensch, zu allen gesellschaftlichen Tugenden, zu allen Arten der Großmuth der aufgelegteste«. Lessing beruft sich hier auf Mendelssohn, der diesen Satz »demonstriren mag«. Mendelssohn hatte gerade den *Diskurs über die Ungleichheit* übersetzt, in dem die gesellschaftlichen Tugenden, beispielsweise die Großmut (bei Rousseau: générosité), im Mitleid fundiert worden waren. Anstoß zu Lessings Überlegungen mag das Beispiel des weinenden Zuschauers des Trauerspiels gegeben haben, das demonstrieren konnte, daß auch die verhärteten Herzen durch die Kunst der Mitleidserregung erweicht werden.

Strittig bleibt Lessings Folgerung: »Wer uns also mitleidig macht, macht uns besser und tugendhafter, und das Trauerspiel, das jenes tut, tut auch dieses, oder – es tut jenes, um dieses tun zu können.« Auch wenn er meint, sich an dieser Stelle auf Aristoteles berufen zu können, ist diese These eher im Kontext seiner Rezeption Rousseaus zu sehen. Rousseau selbst wollte einer solchen Folgerung allerdings keinen Vorschub leisten, wie sein Brief an d'Alembert *Über die Schauspiele* von 1758 zeigt. Dort heißt es: »Ich höre sagen, daß die Tragödie zum Mitleid hinführt durch den Schrecken. Es sei. Aber was ist das für ein Mitleid? Eine flüchtige und leere Gemütsbewegung, die nicht länger anhält als die Täuschung, die sie erzeugt hat; ein Überrest einer natürlichen Empfindung, der sogleich durch die Leidenschaften erstickt wird, ein steriles Mitleid, das sich von einigen Tränen nährt und das niemals den geringsten Akt der Menschlichkeit hervorgebracht hat.«[11] Die Strenge dieses Urteils hängt wohl damit zusammen, daß Rousseau damals mit den Enzyklopädisten endgültig gebrochen hat: mit d'Alembert, der die Errichtung von Schauspielhäusern in Genf befürwortet hatte, und mit Diderot, der wie Lessing an der moralischen Aufgabe des Schauspiels festhalten wollte. Diderot schreibt 1758 in seiner Abhandlung *Von der dramatischen Dichtkunst*, die Lessing 1760 übersetzt: »Der Schauplatz (im Original: le parterre de la Comédie) ist der einzige Ort, wo sich die Tränen des Tugendhaften und des Bösen vermischen. Hier läßt sich der Böse wider Ungerechtigkeiten aufbringen, die er selbst begangen hätte; hier ergrimmt er gegen Personen von seinem eigenen Charakter. Aber der Eindruck ist geschehen, und er bleibt, auch wider unsern Willen; der Böse gehet also aus dem Schauplatze weit weniger geneigt, Übels zu tun, als wenn ihm ein ernster und strenger Redner eine Strafpredigt gehalten hätte.«[12]

Im Diskurs *Über die Ungleichheit* behält das Beispiel vom weinenden Bösewicht seine eminente Bedeutung, auch wenn sich Rousseau dann wenige Jahre später gegen das Theater als moralische Anstalt ausgesprochen hat. Denn es zeigt, daß selbst die depraviertesten Sitten nicht in der Lage sind, das natürliche Mitleid zu zerstören. »Die menschliche Natur ist also gut?« fragt Diderot in seiner Abhandlung über die dramatische Dichtkunst und antwortet sogleich selbst: »Ja, mein Freund, und sehr gut.« Und wenig später: »Die elenden willkürlichen Satzungen sind es, die den Menschen verderben; diese muß man anklagen und nicht die menschliche Natur. Und in der Tat, was rührt uns stärker als die Erzählung einer großmütigen Handlung? Wo ist der Unselige, der die Klagen eines rechtschaffenen Mannes mit Gleichgültigkeit anhören könnte?«[13] Das Fundament des menschlichen Wesens ist gut, trotz allem. Darin stimmen Diderot und Rousseau überein, und jeder versucht auf seine

Weise, diesem Fundament wieder Geltung zu verschaffen.

Bei Lessing sieht es eher so aus, als sei der »gute« Mensch ein Projekt der Zukunft. Eine weitere Passage aus dem Briefwechsel über das Trauerspiel verstärkt diesen Eindruck. Lessing setzt sich darin mit Mendelssohns positiver Bewertung der Bewunderung auseinander: »Wie unendlich besser und sicherer sind die Wirkungen meines Mitleidens! Das Trauerspiel soll das Mitleiden nur überhaupt *üben* und nicht uns in diesem oder jenem Falle zum Mitleiden bestimmen. Gesetzt auch, daß mich der Dichter gegen einen unwürdigen Gegenstand mitleidig macht, nemlich vermittelst falscher Vollkommenheiten, durch die er meine *Einsicht* verführt, um mein *Herz* zu gewinnen. Daran ist nichts gelegen, wenn nur mein Mitleiden rege wird, und sich gleichsam gewöhnt, immer leichter und leichter rege zu werden. Ich lasse mich zum Mitleiden im Trauerspiele bewegen, um eine Fertigkeit im Mitleiden zu bekommen; findet aber das bei der Bewunderung Statt? Kann man sagen: ich will gern in der Tragödie bewundern, um eine Fertigkeit im Bewundern zu bekommen? Ich glaube, der ist der größte Geck, der die größte Fertigkeit im Bewundern hat; so wie ohne Zweifel derjenige der beste Mensch ist, der die größte Fertigkeit im Mitleiden hat.«[14] Mitleid im Sinne einer Fertigkeit, die man durch Übung erlangt – mit dieser Vorstellung hat sich Lessing weit von Mandeville, aber auch von Rousseau entfernt. Schon der Superlativ »bester« Mensch weist in eine andere Richtung, nämlich nicht zurück zur »guten« Natur des Menschen (der mitleidige Mensch ist der gute Mensch), sondern vorwärts zu einer erst zu realisierenden Natur. – Der Auffassung, daß mit dem Mitleid der Hinweis auf eine ursprüngliche Güte des Menschen gegeben sei, hat ein anderer Zeitgenosse Rousseaus heftig widersprochen. Claude Adrien Helvétius setzt sich in seinem 1772 postum erschienenen Buch *De l'homme (Vom Menschen)* mit der englischen Moralphilosophie und deren Hypostasierung eines »moralischen Sinnes« (Shaftesbury) auseinander und schließt eine Polemik gegen die These vom Mitleid als einem eingeborenen Gefühl an. Mitleid hängt mit der Selbstliebe zusammen und setzt voraus, daß der so Empfindende selbst bereits Leiden kennengelernt hat. Der französische Materialist bekämpft die Vorstellung von der Ursprünglichkeit des Mitleids, weil er keine eingeborenen Ideen gelten läßt und den Menschen völlig von den Umständen geprägt sieht. Damit ist allerdings die moralische Bedeutung des Mitleids keineswegs bestritten. Vielmehr bleibt diese Empfindung, durch eine weise Erziehung vermittelt, die erste Tugend. Auch Helvétius hält also am zweiten Teil des Rousseauschen Mitleidskonzeptes fest: Mitleid aus Leidenserfahrung, streicht aber den ersten Teil: Mitleid als anthropologisches Fundament.

Ein besonders einleuchtendes Argument gegen die Annahme eines angeborenen Mitleids liefert die Tatsache, daß Kinder Tiere quälen. Kinder werden, so Helvétius, »ohne Menschlichkeit geboren«. Diderot, der eine Widerlegung der Schrift *De l'homme* verfaßt hat, setzt sich auch mit diesem Argument auseinander, und zwar antwortet er auf die folgende Passage, die sich bei Helvétius als Anmerkung findet: »Man kann beobachten, wie Kinder Maikäfer und Hirschkäfer mit warmem Wachs bestreichen, sie gleichsam panzern und so ihren Tod auf zwei oder drei Monate ausdehnen. Es ist falsch, wenn man sagt, daß diese Kinder nicht an die Schmerzen denken, die jene Insekten durchmachen. Wenn nämlich das Gefühl des Mitleids ihnen ebenso natürlich wäre wie das der Furcht, würde es sie auf das Leiden des Insekts hinweisen wie die Furcht auf die Gefahr bei der Begegnung mit einem wütenden Tier.«[15] Diderot, der sich hier Hutcheson anschließen kann, hält dagegen: »Das Mitleid scheint mir nicht weniger natürlich zu sein als die Furcht. Das Mitleid setzt die Kenntnis des Schmerzes voraus, die Furcht die Kenntnis der Gefahr.«[16] Die Kinder handeln also nicht aus Gefühllosigkeit, sondern aus Unkenntnis.

Aber, so könnte man fragen, ist es denn tatsächlich entscheidend, ob Mitleid erst in Gesellschaft entsteht und sich aus der Selbstliebe ableiten läßt, wie Ubaldo Cassina in seinem *saggio analitico sulla compassione (Analytischer Versuch über das Mitleiden)* von 1772 ausführlich und ganz ähnlich wie Helvétius darlegt – mit Cassina hat sich Schopenhauer auseinandergesetzt –, oder ob es natürlich, dem Menschen angeboren ist? Und: spielt es für die praktische Auswirkung des Mitleids eine Rolle, ob wir tatsächlich im Anderen mit-leiden (Rousseau), oder ob wir nur unseren, durch Imagination gewonnenen, Schmerz auf den Anderen übertragen (Helvétius)? In der positiven Wertung des Mitleids für das gesellschaftliche Leben stimmen die Parteien doch offensichtlich überein. Schließlich: wäre es demgegenüber nicht an der Zeit, die Gefahren nachdrücklich in Erinnerung zu rufen, die drohen, wenn »diese gutartige Leidenschaft«, die für Immanuel Kant »gleichwohl schwach und jederzeit blind ist«, allzusehr Platz greift?

Nietzsche contra Schopenhauer

Daß die im 18. Jahrhundert entflammte Diskussion über die Begründung des Mitleids als Tugend auch im 19. Jahrhundert noch sehr ernst genommen wird, zeigt die Philosophie des Mitleidsfreundes Schopenhauer. In seiner *Preisschrift über die Grundlage der Moral*, die 1841 erschienen ist, sieht er das Mitleid als die »allein echte moralische Triebfeder« an. In seiner heftigen Gegenreaktion wiederum geht der Mitleidsfeind Nietzsche noch über seine Vorläufer Seneca, Spinoza und Mandeville hinaus. In seiner *Morgenröte* von 1881, die den Untertitel trägt: *Gedanken über die moralischen Vorurteile*, will er das Vertrauen zur Moral insgesamt untergraben und die Vorstellung möglichen selbstlosen Handelns als Chimäre entlarven. Die Bedeutung Rousseaus für ihre jeweilige Position ist den beiden Denkern des 19. Jahrhunderts durchaus bewußt. Schopenhauer nennt ihn »den größten Moralisten der ganzen neuern Zeit, den tiefen Kenner des menschlichen Herzens«.[17] Für Nietzsche ist er »die Moral-Tarantel«.[18] Die Identifikation mit dem Anderen im Akt des Mitleidens, die wenigstens punktuelle Überwindung des Egoismus ist für Schopenhauer das große Mysterium der Ethik. Nietzsche dagegen macht sich ein besonderes Vergnügen daraus, die egoistischen Motive in scheinbar selbstlosen Handlungen aufzuspüren. Schopenhauer nennt das Mitleid ein »alltägliches Phänomen« und »eine unleugbare Thatsache des menschlichen Bewußtseyns«; Mitleid »ist ursprünglich und unmittelbar, liegt in der menschlichen Natur selbst«.[19] Auf der anderen Seite aber setzt er den Maßstab für Handlungen von moralischem Wert – und das sind gerade solche, die aus dem Mitleid kommen – so hoch an, daß doch nur wenige vom Schicksal Auserwählte dem Anspruch genügen können. Nietzsche wiederum schaudert es bei der Vorstellung einer rapiden Vermehrung mitleidvoller Zeitgenossen, deren Torheiten und Zudringlichkeiten die Erde in ein Tollhaus verwandeln würden.

Die beiden diametral entgegengesetzten Einstellungen zum Mitleid sind begründet in einer fundamental verschiedenen Sicht der Welt und der menschlichen Existenz. Schopenhauer sieht, wie Rousseau, den Leidenszusammenhang menschlichen Lebens – eine Sichtweise, die sich im Akt des Mitleidens solidarisch mitteilt. Nietzsche propagiert den lebensbejahenden, starken Menschen, der Leid zu ertragen gelernt hat und der Freude und Glück in der Überwindung des Leids gewinnt. Mitleid ist überaus schädlich beim Prozeß der Bildung einer Persönlichkeit. Das bedeutet nun keineswegs, daß sich Nietzsche jeglicher mitmenschlicher Hilfe verschließt. Er wird helfen, wie es der stoische Weise getan hat: unauffällig, unaufdringlich, souverän. Vor allem aber wird er die Leidenserfahrung eines anderen nicht durch sein Eingreifen beeinträchtigen; ganz im Gegenteil: »Solchen Menschen, *welche mich etwas angehn*, wünsche ich Leiden, Verlassenheit, Krankheit, Mißhandlung, Entwürdigung, – ich wünsche, daß ihnen die tiefe Selbstverachtung, die Marter, das Mißtrauen gegen sich, das Elend des Überwundenen nicht unbekannt bleibt: ich habe kein Mitleid mit ihnen, weil ich ihnen das Einzige wünsche, was heute beweisen kann, ob einer *Wert* hat oder nicht, – *daß er Stand hält*.«[20]

Nietzsche hat, wie Mandeville, die Lebenserfahrung auf seiner Seite, wenn er die Selbstgefälligkeit und Raffinesse derer geißelt, die sich als Mitleidige mit dem Nimbus der Selbstlosigkeit schmücken. (Max Scheler hat dann auch die Perversionen des Mitleids analysiert und den ethischen Wert der Mitfreude herausgestellt.) Darüber hinaus hat Nietzsche ein Problem kenntlich gemacht, das die Psychologie und Pädagogik heute noch beschäftigt. Ein pädagogischer Ratgeber aus jüngerer Zeit kann dies verdeutlichen. In dem vielgelesenen Buch von Rudolf Dreikurs und Vicki Soltz *Kinder fordern uns heraus*, das zuerst 1964 in Amerika erschienen ist, trägt ein Kapitel die Überschrift: »Kein Mitleid zeigen«. Und dieses Kapitel beginnt mit dem Satz: »Mitleid hat ungemein schädliche Folgen, auch wenn es gerechtfertigt und verständlich ist.« Es folgen Beispiele von Kindern, die durch die Mitleidsäußerungen von Erziehern und Eltern daran gehindert wurden, Enttäuschungen ertragen zu lernen, mit Krankheit und körperlicher Behinderung fertig zu werden, Schicksalsschläge zu verkraften. Mitleid der Eltern führt zum Selbstmitleid der Kinder: »Irgendwann im Leben jedes einzelnen spielen sich gewisse Tragödien ab. Von uns als Erwachsenen erwartet man, daß wir sie akzeptieren und das Beste aus der Situation machen. Unsere natürliche Neigung ist, in einer tragischen Situation Mitleid mit dem unschuldigen Kind zu fühlen.

Unser wohlgemeintes Mitleid kann jedoch viel schädlichere Wirkungen haben als die Tragödie selbst. Ein Kind, das dadurch gelernt hat, sich selbst leid zu tun, wird unfähig, seine Verantwortungen auf sich zu nehmen, wenn es mit den Lebensaufgaben zu tun hat, und sucht vergebens nach jemand, der den vom Leben auferlegten Verlust wiedergutmachen kann. Es wird ihm schwerfallen, ein produktives Mitglied der Gesellschaft zu werden, weil seine Aufmerksamkeit völlig auf sich selbst gerichtet ist und darauf, was es als sein Recht bekommen sollte.«[21]

Die Diskussion bleibt offen

Mitleidsempfindung und Mitleidsäußerung bleiben bis in unsere Tage problematisch. Während etwa Walter Schulz die Unmittelbarkeit des Mitleids positiv wertet und in ihm das Gegengewicht zur Grausamkeit sieht, arbeitet Käte Hamburger in einer scharfsinnigen Analyse die Distanzstruktur des Mitleids heraus. Auch sie setzt, wie schon Mandeville, Barmherzigkeit als ethisches Handeln positiv vom Mitleid ab, da letzteres »für das barmherzige Tun irrelevant ist, das sogar einer Mitleidslosigkeit etwa solcher Art abgerungen sein kann: ›Ich habe kein Mitleid mit dir, da du dein Mißgeschick selbst verschuldet hast, aber ich will dir trotzdem helfen.‹«[22]

Auf die von Rousseau im *Diskurs über die Ungleichheit* unterstellte und im *Emile* erläuterte Mehrschichtigkeit des Mitleidsphänomens läßt sich Käte Hamburger nicht ein. Sonst könnte sie das Motiv aus Richard Wagners *Parsifal*, »Durch Mitleid wissend«, nicht als Bestätigung der von ihr beobachteten Distanzstruktur werten: »Parsifal stellt nicht unmittelbar die Mitleidsfrage, sondern erst ›vermittelt‹ aus eigener Leiderfahrung, und so wird dann Mitleid Wissen, nicht Gefühl.« Für Rousseau dagegen waren Leid-Erfahrung und Mitleids-Empfindung wesentlich miteinander verbunden.

Unabhängig von Rousseau, oder durch Schopenhauer vermittelt, bleibt die Perspektive eines untrennbaren Zusammenhangs zwischen umfassendem Leid und Mitleid auch im 20. Jahrhundert erhalten. So läßt Hermann Cohen in einer tiefgründigen Interpretation des Alten Testaments Mitleid mit dem Fremdling als »Urform der Menschenliebe« aus dem geschichtlichen Bewußtsein des Volkes Israel entstehen, aus der Erinnerung nämlich, selbst Fremdling gewesen zu sein. Und in der Armut, die »überall ein allgemeines Menschenlos« ist, offenbart sich dem Mitleidenden das Leiden als »das Wesen des Menschen«. Max Horkheimer geht konkreter auf die gesellschaftliche Situation des Menschen zwischen den beiden Weltkriegen ein und betont, als Ausdruck der »Solidarität des Lebens«, die Existenzberechtigung des Mitleids auch für den Fall, daß gesellschaftliches Leiden merklich vermindert werden könnte.

In einer Analyse existenzieller menschlicher Ängste und möglicher Reaktionen auf die Grundverfassung des Menschen schließlich versucht Werner Marx all denen eine Orientierung zu geben, denen sich »die Dimension des Heiligen« verschlossen hat. »Anders als diejenigen, die noch in der Gnade des Glaubens stehen und für die die göttlichen Gebote auch als Inhalte einer metaphysisch gedachten Ethik weiter maßgebend sind, leben all die, denen diese Möglichkeiten verschlossen sind, orientierungslos dahin. Viele suchen verzweifelt danach, ob es nicht die Möglichkeit von Erfahrungen gibt, aus denen sie das Maß für verantwortungsvolles Handeln gewinnen können, ohne Glauben und Metaphysik vorauszusetzen. Es sei hervorgehoben, daß hier keineswegs aus einem gegen die jüdisch-christliche Überlieferung gerichteten oder gar atheistischen Motiv eine ›andere‹ Ethik gesucht wird. Im Gegenteil, nichts wäre erwünschter, als wenn sich die jüdisch-christliche Ethik gerade heute angesichts des weltweiten Verfalls vieler Maßstäbe und der Bedrohungen durch Technik und atomaren Krieg durchsetzen würde. Aber ist es nicht dennoch unsere Pflicht, uns der Tatsache zu stellen, daß eben diese Entwicklungen für viele die Grundannahmen der Metaphysik fraglich gemacht und die Dimension des Heiligen verschlossen haben, innerhalb derer allein es für den Glauben den Bezug zu einem göttlichen Wesen geben kann? Nur angesichts dieser Not stellt sich doch die Frage, ob es nicht möglich und an der Zeit sei, nach den Grundlagen für eine Ethik zu suchen – nach Grundlagen, die auf der Möglichkeit von Verwandlungen unseres Ethos durch solche Erfahrungen beruhen, die wir in unserem eigenen Wesen machen können und die, weder Glauben noch Metaphysik voraussetzend, zu einem Maß für verantwortungsvolles Handeln führen.«[23]

Am Ende des 20. Jahrhunderts, nach einer langen Geschichte unterschiedlichster Bewertungen, tritt das Mitleid – denn darum geht es Werner Marx – aufs neue aus dem Schatten einer christlichen, oder einer in Vernunft begründeten Ethik heraus und soll zum Fundament der Moral werden. Werner Marx geht aus von der Erfahrung, sterblich zu sein; eine Erfahrung, die im Menschen einen Umschlag in seiner Grundbefindlichkeit, seiner »Gestimmtheit« hervorruft. Die plötzliche Gewißheit, in jeder Stunde des Lebens dem Tod überantwortet zu sein, reißt den Menschen aus seinen gewohnten Lebensbezügen, verstellt ihm eine selbstverständliche oder gleichgültige Haltung den Menschen und den Dingen gegenüber. Der Mensch ist, im wahrsten Sinne des Wortes, ent-setzt. In dieser Situation existenzieller Not tritt eine Verwandlung in der Wahrnehmung des Mitmenschen ein, der nun neu »gesehen« wird und der auch emotional näher rückt. Der Schock erweist sich als heilsam; er hebt die durch die Selbstbezogenheit aufgerichtete Schranke gegenüber dem Anderen, dem Nächsten, den Mitmenschen auf. Dem so sensibilisierten Menschen erschließt sich nun, was er mit dem Mitmenschen gemeinsam hat, die Sterblichkeit nämlich und damit die Angst und die Hilfsbedürftigkeit. Daraus resultiert dann die Fähigkeit, auf neue, menschliche Weise am Geschick der anderen Menschen teilzunehmen: als Mitleidiger. – Wenn nicht als Ausdruck der Gewißheit, dann doch zumindest der Hoffnung mag folgender Satz von Werner Marx die Diskussion um das Mitleid – vorläufig – beschließen: »...man mache sich das immer wieder klar – es gibt auf diesem einen Planeten, in dem gefühllosen Weltenraum, ein Wesen, das diese Möglichkeit, mitleiden zu können, in sich trägt«.

1 Die geistlichen Spiele des Sterzinger Spielarchivs. Band 5, hrsg. von Hans-Gert Roloff. Bern, Frankf./M., Las Vegas 1980, S. 192 ff.

2 Einen guten Überblick über die Mitleidsdiskussion gibt der Artikel »Mitleid« von L. Samson im fünften Band des Historischen Wörterbuchs der Philosophie, hrsg. von J. Ritter und K. Gründer, Basel/ Stuttgart 1980. Für unser Thema grundlegend ist auch das Buch von Käte Hamburger (siehe Nachweise). Auf eigenwillig literarische Weise teilt Adolf Holl »Erfahrungen mit einem unbequemen Gefühl« mit in seinem Buch: Mitleid im Winter, Reinbek bei Hamburg 1985.

3 Kants Werke, Akademie-Textausgabe. Berlin 1968, Bd. 7, S. 256.

4 Mandeville (siehe Nachweise), S. 53 f.

5 Diderot, Essai sur les règnes de Claude et de Néron, et sur les mœurs et les écrits de Sénéque, ed. Roger Lewinter, Bd. 2, Paris 1972, S. 122 f.

6 Diskurs über die Ungleichheit (siehe Nachweise), S. 369.

7 Diskurs über die Ungleichheit, S. 57. Zur zentralen Bedeutung des Mitleids im System Rousseaus vgl.: Jean Starobinski, Artikel »Pitié«, in: Dictionnaire de Jean-Jacques Rousseau, publié sous la direction de Raymond Trousson et Frédéric S. Eigeldinger, Paris 1996, S. 722-725.

8 Diskurs über die Ungleichheit, S. 107.

9 Emile (siehe Nachweise), S. 85.

10 Vgl. Ulrich Kronauer, Die Dramaturgie der Moral. Lessing zwischen Rousseau und Diderot, in: Denis Diderot oder die Ambivalenz der Aufklärung, hrsg. von Dietrich Harth und Martin Raether, Würzburg 1987, S. 90-103. Ders., Der kühne Weltweise. Lessing als Leser Rousseaus, in: Rousseau in Deutschland. Neue Beiträge zur Erforschung seiner Rezeption, hrsg. von Herbert Jaumann, Berlin, New York 1995, S. 23-45.

11 Übersetzung nach: Ulrich Kronauer, Rousseaus Kulturkritik und die Aufgabe der Kunst, Heidelberg 1978, S. 53.

12 Das Theater des Herrn Diderot. Aus dem Französischen übersetzt von Gotthold Ephraim Lessing. Hrsg. von Klaus-Detlef Müller, Stuttgart 1986, S. 299.

13 op. cit. S. 298.

14 Lessing (siehe Nachweise), S. 142.

15 Helvétius (siehe Nachweise), S. 297.

16 Œuvres complètes de Diderot, ed. J. Assézat, Bd. 2, Paris 1875, S. 414.

17 Schopenhauer (siehe Nachweise), S. 285.

18 Nietzsche, Morgenröte (siehe Nachweise), Vorrede.

19 Schopenhauer, S. 252.

20 Aus Nietzsches Nachlaß, zitiert nach: Walter Kaufmann, Nietzsche, Darmstadt 1982, S. 430 (dort informative Ausführungen zu Nietzsches Mitleidsbegriff).

21 Rudolf Dreikurs, Vicki Soltz, Kinder fordern uns heraus. Aus dem Englischen übersetzt von Erik A. Blumenthal, Stuttgart, 17. Aufl. 1986, S. 237 ff.

22 Hamburger (siehe Nachweise), S. 124. Für den Bereich der Politik hat Hannah Arendt das Mitleid als Handlungsprinzip entschieden abgelehnt. Auch sie wird, zumal wenn sie Robespierres »terreur« auf den Rousseauschen Mitleidsgedanken (!) zurückführt, der Rousseauschen Mitleidskonzeption wohl nicht gerecht. Hannah Arendt, Über die Revolution. 3. Aufl. München, Zürich 1986, S. 111 f.

23 Marx (siehe Nachweise), S. 15. Vgl. zum Mitleidsthema auch: Werner Marx, Gibt es auf Erden ein Maß? Grundbestimmungen einer nichtmetaphysischen Ethik. Hamburg 1983.

Die Dichtkunst, die Mitleid erregt, verdirbt die nach Tugend Strebenden[*]

Von Platon

Und doch haben wir die größte Anklage gegen sie noch nicht vorgebracht; denn daß sie imstande ist, auch die Wohlgesinnten, einige gar wenige ausgenommen, zu verderben, das ist doch gar arg.

Ganz gewiß, wenn sie dies nur wirklich tut.

So höre und überlege. Auch die Besten von uns, wenn wir den Homeros hören oder einen anderen Tragödiendichter, wie er uns einen Helden darstellt in trauriger Bewegung, eine lange Klagerede haltend, oder auch Singende und sich heftig Gebärdende, so wird uns wohl zumute, wir geben uns hin und folgen mitempfindend, und, die Sache sehr ernsthaft nehmend, loben wir den als einen guten Dichter, der uns am meisten in diesen Zustand versetzt.

Das weiß ich; wie sollten wir auch nicht?

Wenn aber einen von uns ein eigener Kummer trifft, so merkst du doch, daß wir dann ganz im Gegenteil unseren Ruhm darein setzen, wenn wir imstande sind, ruhig zu sein und auszuharren, weil das die Sache eines Mannes sei, jenes aber weibisch, was wir damals lobten?

Das merke ich, sagte er.

Ist das nun wohl ein feiner Ruhm, wenn man jemanden sieht, so wie man selbst nicht sein möchte, sondern

[*] Aus: *Politeia* (Der Staat) 605 c-606 b

sich schämen würde, davor sich nicht zu ekeln, sondern sich daran zu freuen und es zu loben?

Das scheint, sagte er, beim Zeus, wohl nicht vernünftig.

Gewiß, sprach ich, wenn du es auch noch so betrachten wolltest.

Wie?

Wenn du bedenken wolltest, daß das damals bei eigenen Unfällen mit Gewalt Zurückgehaltene und gleichsam Ausgehungerte, indem es sich nicht hat satt weinen und zur Genüge ausjammern können, da es doch von Natur so geartet ist, hiernach zu begehren, daß gerade dieses dann von den Dichtern befriedigt wird und sich wohl befindet; das von Natur Beste aber in uns, weil noch nicht hinreichend durch Wort und Sitte gebildet, in der Achtsamkeit auf dieses Tränenreiche nachläßt, weil es ja nur fremde Zustände betrachtet und für es selbst ja nichts Schmähliches darin liegt, wenn ein anderer, der sich für einen trefflichen Mann gibt, unzeitig trauert, diesen zu loben und Mitleid mit ihm zu haben, sondern jene Lust wird für baren Gewinn genommen, und man möchte sie nicht gern missen, das ganze Gedicht verwerfend. Denn so, glaube ich, pflegen nur wenige zu rechnen, daß man doch von dem Fremden notwendig etwas zu genießen bekommt für das Eigene und daß, wenn man aus jenem das Trübselige genährt und gestärkt hat, es bei eigenen Unfällen nicht leicht sein wird, es im Zaum zu halten.

Sehr wahr, sagte er.

Gründliche Beschreibung eines gewissen Schmerzgefühls[*]

Von Aristoteles

Mitleid sei also nach landläufiger Definition ein gewisses Schmerzgefühl über ein in die Augen fallendes, vernichtendes und schmerzbringendes Übel, das jemanden trifft, der nicht verdient, es zu erleiden, das man auch für sich selbst oder einen der unsrigen zu erleiden erwarten muß, und zwar wenn es in der Nähe zu sein scheint; denn es ist offenkundig, daß der, der Mitleid empfinden soll, sich in einer solchen Lage befinden muß, daß er glaubt, entweder er selbst oder einer der Seinigen könne irgendein Übel erleiden; und zwar ein Übel der Art, wie es in der landläufigen Definition charakterisiert worden war oder ein gleiches bzw. ein ähnliches. Daher fühlen weder die gänzlich im Elend Verstrickten Mitleid – denn sie glauben nicht, noch mehr zu erleiden, weil das Maß ihres Leidens schon voll sei – noch die, die sich für äußerst glücklich halten; diese neigen vielmehr zum Übermut. Wenn sie sich nämlich im Besitz aller Güter wähnen, so ist offenkundig, daß auch die Unmöglichkeit, ein Übel zu erleiden, dabei ist; denn auch dies gehört zu den Gütern. Der Meinung aber, es zu erleiden, sind solche Menschen, die schon früher Übel erduldeten und davongekommen sind; ferner ältere Menschen wegen ihrer Einsicht und ihrer Erfahrung; weiterhin die Schwachen und in weit

* Aus: *Rhetorik* 1385 b-1386 b

höherem Maße die besonders Furchtsamen; ferner die, die Unterricht erhalten haben; denn sie sind fähig, vernünftige Gedanken zu fassen. Ferner solche, die Eltern oder Kinder oder Frauen haben; diese gehören nämlich zu ihnen und sind von der Art, daß sie die erwähnten Übel erleiden können. Ferner die, welche weder in einem couragierten Affekt sind, wie z. B. Zorn oder Zuversicht – denn die Affekte sind nicht in der Lage zu bedenken, was kommen kann –, noch in einer übermütigen Disposition – denn auch die Übermütigen sind nicht in der Lage zu bedenken, daß ihnen etwas zustoßen könne –, noch die, die übermäßig furchtsam sind – denn die, die in Schrecken sind, empfinden kein Mitleid, weil sie ganz mit ihrem eigenen Affekt beschäftigt sind –, sondern nur die, die zwischen diesen Affekten in der Mitte stehen. Man empfindet ferner Mitleid, wenn man die Menschen für tugendhaft hält; denn wer das von niemandem glaubt, wird alle für ihres Unglücks wert halten. Und überhaupt also, wenn man sich in der Lage befindet, sich zu erinnern, daß derartiges uns oder einem der Unsrigen schon zugestoßen sei, oder die Vermutung zu hegen, daß es uns oder einem der Unsrigen zuteil werden könne.

In welcher Disposition man nun Mitleid empfindet, ist damit gesagt. Worüber man aber nun Mitleid empfindet, das ergibt sich aus der landläufigen Definition. Denn alles [Verderbliche], das mit Leid und Schmerz verbunden ist, ist mitleiderregend; ferner, was unsere Existenz vernichtet, sowie Übel, die das Schicksal verursacht, wenn sie von hinlänglicher Bedeutung sind. Schmerzvoll und verderbenbringend aber sind der Tod, Mißhandlungen, körperliche Leiden, Alter, Krankheiten, Mangel an Nahrung und – von den Übeln, die das Schicksal verursacht – Mangel an Freunden oder Besitz nur weniger Freunde – daher ist auch die gewaltsame Trennung von Freunden und Verwandten mitleiderregend –, Häßlichkeit, Schwäche, Verstümmelung. Ferner wenn ein Übel daraus resultiert, woraus man etwas Gutes hätte gewinnen sollen. Ferner wenn dieses häufig vorkommt. Ferner wenn einem nach dem Leiden etwas Gutes widerfährt: z.B. dem Diopeithes die Geschenke des Großkönigs zugesandt wurden, als er bereits tot war. Ferner wenn einem entweder nichts Gutes zuteil wurde oder er nicht zum Genuß des Zuteil-Gewordenen kommt.

Worüber man also Mitleid empfindet, ist dieses und Ähnliches. Menschen aber, denen gegenüber man Mitleid empfindet, sind die uns bekannten, wenn sie nicht allzu nah mit uns verwandt sind; denn diesen Letzteren gegenüber befinden wir uns in der gleichen seelischen Verfassung, wie wenn wir selbst davon betroffen wären. Daher hat auch Amasis nicht über seinen Sohn, als er zum Tod geführt wurde, geweint – so sagt man –, wohl aber über seinen Freund, der ihn bettelnd anging; denn dieses ist Mitleid erregend, jenes erstere dagegen entsetzlich. Das Entsetzliche nämlich ist etwas anderes als das Mitleid-Erregende, es hebt vielmehr das Mitleid auf und ist häufig für das Gegenteil von Nutzen. (Denn) man empfindet (kein) Mitleid mehr, wenn uns selbst das Entsetzliche nahe ist. Ferner empfindet man Mitleid mit denen, die uns ähnlich sind hinsichtlich des Alters, des Charakters, seelischer Verfassung, des Ansehens und der

Herkunft; im Vergleich mit all diesen nämlich scheint es eher, daß auch uns selbst ein solches Geschick zuteil werden kann. Überhaupt muß man nämlich hier annehmen, daß das, was man für sich selbst fürchtet, Gegenstand des Mitleids ist, wenn es anderen widerfährt. Da aber Leiden, die uns nahe erscheinen, Mitleid erregend sind, man aber über die, die vor zehntausend Jahren geschehen sind oder in zehntausend Jahren geschehen werden, für die man weder Erwartungen noch Erinnerungen hegt, überhaupt kein Mitleid empfindet oder doch nicht in gleicher Weise, so folgt daraus notwendig, daß die, die durch Mimik, Stimme und Sinneseindruck und überhaupt durch die Kunst der Darstellung den Eindruck verstärken, in größerem Maße mitleiderregend sind – denn indem sie das Übel uns vor Augen führen, bewirken sie, daß es uns nahe erscheint: gleichsam als bevorstehend oder als bereits geschehen. Ferner ist das soeben Geschehene bzw. das, was in Kürze bevorsteht, besonders mitleiderregend. Daher auch [das Vorführen] von Zeichen [und Handlungen], wie z. B. die Kleider derer, die erduldet haben, und dergleichen mehr, sowie Worte und anderes derartiges von solchen, die im Augenblick leiden; z. B. von solchen, die im Augenblick sterben; denn alle diese Dinge rufen Mitleid hervor und zwar in besonderem Maße dadurch, daß es nahe erscheint, und in höchstem Maße mitleiderregend ist es, wenn tüchtige Menschen sich in solchen Situationen befinden, und zwar weil das Leiden unverdient und vor Augen zu liegen scheint.

Der Mangel eines kleinen Geistes[*]

Von Lucius Annaeus Seneca

Die werde ich also grausam nennen, die Grund zum Strafen haben, aber kein Maß kennen, wie bei Phalaris, von dem man sagt, er habe zwar nicht gegen unschuldige Menschen, aber über menschliches und erträgliches Maß gewütet. Wir können Haarspaltereien entgehen und so bestimmen, daß Grausamkeit eine Neigung der Seele zum Roheren ist. Diese stößt die Güte zurück und heißt sie weitab von ihr stehen; denn mit der Strenge einigt sie sich.

Es gehört zur Sache, hier zu untersuchen, was Mitleid ist; sehr viele nämlich loben es wie eine Tugend und nennen einen guten Menschen mitleidig. Auch das ist ein Mangel der Seele: beide nämlich liegen am Rande der Strenge und der Güte. Wir müssen sie vermeiden; im Blick auf die Strenge geraten wir nämlich in die Grausamkeit, im Blick auf die Güte ins Mitleid. Hierin irrt man mit geringerer Gefahr, aber gleich ist das Irren der von der Wahrheit Abkommenden.

Wie nun die Religion die Götter verehrt, der Aberglaube sie verletzt, so werden alle guten Männer Güte und Sanftheit zeigen, Mitleid aber vermeiden; es ist nämlich der Mangel eines kleinen Geistes, der beim Anblick fremder Leiden zusammenbricht. So ist es gerade den Schlechtesten am vertrautesten: alte Frauen und Weib-

---

[*] Aus: *De clementia* (Über die Güte) 2. Buch 4,3-6,4

lein sind es, die sich von den Tränen der Schuldigsten rühren lassen, die, wäre es erlaubt, den Kerker aufbrechen würden. Mitleid sieht nicht den Sachzusammenhang, sondern das Los an: die Güte schließt sich an die Vernunft an. Ich weiß, daß bei den Unkundigen die Schule der Stoiker verschrien ist als allzu hart und keineswegs in der Lage, Fürsten und Königen guten Rat zu erteilen. Es wird ihr nämlich vorgeworfen, daß sie bestreitet, der Weise erbarme sich und verzeihe. Wenn dies für sich aufgestellt würde, ist es abscheulich: scheint es doch keine Hoffnung zu lassen für menschliches Irren, sondern alle Vergehen der Strafe zuzuführen. Wenn das so ist, wie sollte diese Wissenschaft dann nicht verhaßt sein, die befiehlt, die Menschlichkeit zu verlernen, und den zuverlässigsten Hafen gegen das Geschick, nämlich gegenseitige Hilfe, verschließt? Aber keine Schule ist gütiger und milder, keine menschenfreundlicher und wacher für das allgemeine Wohl, so daß es Ziel ist, nützlich und hilfreich zu sein, und nicht nur für sich, sondern für die Gesamtheit und ihre einzelnen Glieder zu sorgen. Mitleid ist ein Kummer der Seele beim Anblick fremden Elends oder Betrübnis aufgrund fremden Unglücks. Sie glaubt, es sei ihnen zugestoßen, ohne daß sie es verdienten: Kummer aber trifft einen weisen Mann nicht. Sein Sinn ist heiter, und es kann nichts geschehen, was ihn umwölkt. Und nichts ziemt einem Menschen in gleicher Weise wie ein hoher Sinn: er kann aber nicht zugleich hoch und traurig sein. Trauer zerbricht den Sinn, wirft ihn nieder, zieht ihn zusammen. Das wird dem Weisen nicht einmal bei eigenen Unglücksfällen zustoßen, sondern er wird allen Zorn des Geschickes zurückschlagen und vor sich brechen. Denselben Ausdruck wird er immer bewahren, friedlich, unerschütterlich. Er könnte es nicht, wenn er der Betrübnis Eingang gewährte.

Füge hinzu, daß der Weise vorausschaut und seine Geisteskraft bereithält. Niemals aber kommt Klares und Reines aus Trübem. Betrübnis ist ungeschickt, die Dinge zu durchschauen, Nützliches auszudenken, Gefährliches zu vermeiden, Billiges abzuschätzen. Also erbarmt sich der Weise nicht, weil das ohne Elend des Geistes nicht geschieht. Alles übrige, was nach meinem Willen die tun sollen, die sich erbarmen, wird er gern und erhobenen Sinnes tun. Fremden Tränen wird er zu Hilfe eilen, nicht nahekommen. Er wird dem Schiffbrüchigen die Hand, dem Verbannten Obdach, dem Bedürftigen eine Gabe geben, nicht diese verletzende, mit der die Mehrheit derer, die mitleidig erscheinen wollen, wegwerfend und hochmütig die behandelt, denen sie hilft, und fürchtet, von diesen berührt zu werden, sondern wie ein Mensch wird er einem Menschen aus gemeinsamem Besitz geben. Er wird den mütterlichen Tränen den Sohn geben, wird die Ketten lösen lassen, ihn aus der Kaserne holen und wird auch einen schuldbeladenen Leichnam begraben, aber er wird das tun mit ruhigem Sinn, mit dem ihm eigenen Ausdruck. Also wird der Weise sich nicht erbarmen, sondern wird zu Hilfe eilen, wird nützen, geboren zu gemeinsamer Hilfe und zum öffentlichen Wohl, von dem er jedem einen Teil geben wird. Auch auf die Unglücklichen, die verhältnismäßig zu mißbilligen und zu bessern sind, wird er sein Gutsein übergehen lassen. Den Niedergeschlagenen gar und durch das Schicksal Leidenden wird er viel lieber zu Hilfe kommen. Sooft er kann, wird er dem Geschick in die Arme fallen. Wo wird er denn seine Mittel oder Kräfte besser gebrauchen, als um wiederherzustellen, was ein Schicksalsschlag traf? Den Blick wird er nicht sinken lassen ebensowenig wie den Mut wegen irgendeines dürren Schenkels oder lumpiger Magerkeit und seiner auf den Stock gestützten Greisenhaftigkeit. Im übrigen aber wird er allen, die es verdienen, nützen, und nach Götterart wird er die in Not Geratenen gnädig anblicken. Erbarmen ist benachbart der Erbärmlichkeit; es hat nämlich etwas und zieht etwas aus ihr. Schwach sind die Augen, mußt du wissen, die bei fremder Bindehautentzündung sich selber mit Tränen füllen, ebenso, beim Hercules, wie es eine Krankheit ist, nicht Heiterkeit, immer Lächelnden zuzulächeln, und bei dem Gähnen aller auch selber den Mund auseinanderzuziehen: Erbarmen ist das Laster der Seelen, die sich allzusehr über Erbärmlichkeit erschrecken. Wenn einer es vom Weisen fordert, kommt es dem nahe, daß er Jammern und Schluchzen bei einem Begräbnis fordert, das ihn nicht betrifft.

Ein Gefühl, das allein dem Menschen zuteil wurde[*]

Von Laktanz

Da nämlich die Natur des Menschen schwächer ist als
die der übrigen Lebewesen, welche die himmlische Vor-
sehung mit natürlichen Schutzvorkehrungen ausgerüstet
hat, damit sie harte Notlagen ertragen oder Angriffe von
ihren Leibern abwehren können, weil aber dem Menschen nichts davon zuteil wurde, empfing er anstelle all
dessen das Gefühl des Mitleids – ja dieses bezeichnet man
geradezu als Menschlichkeit –, damit wir uns dadurch
gegenseitig schützen. Denn wenn der Mensch beim Anblick eines anderen Menschen böse würde, was wir bei
Lebewesen mit einzelgängerischer Natur beobachten,
gäbe es keine menschliche Gesellschaft, keine Stadtgrün-
dungen; nicht einmal das Leben wäre hinreichend sicher,
da einerseits die Schwachheit der Menschen den übrigen
Lebewesen ausgesetzt wäre, andererseits sie selbst unte-
reinander wie die Tiere wüten würden.

Zenon, der Meister der Stoiker, der die Tugend lobt,
meinte, man müsse das Mitleid, die höchste Tugend, als
eine Geisteskrankheit operativ entfernen, obwohl sie
Gott teuer und den Menschen nötig ist. Denn wer wollte
nicht, wenn er in eine üble Lage geraten ist, Mitleid erregen und sehnte nicht den Beistand von Leuten herbei, die

[*] Aus: *Divinae institutiones* III, 23 und *Institutionum epitome* (33/
38)

ihm zu Hilfe eilen? Diese werden zur Hilfeleistung nur durch das Gefühl des Mitleids angespornt. Mag jener dieses Menschlichkeit oder Solidarität nennen, er ändert damit nicht die Sache, sondern nur den Namen. Dies ist ein Gefühl, das allein dem Menschen zuteil wurde, damit wir unsere Schwäche durch gegenseitigen Beistand lindern; Wer dieses beseitigt, wirft uns zurück auf die Lebensweise der Tiere.

Mitleid ist an sich schlecht[*]

Von Benedict de Spinoza

Lehrsatz 50. Mitleid ist bei einem Menschen, der nach der Leitung der Vernunft lebt, an sich schlecht und unnütz.

Beweis: Mitleid ist nämlich (nach 18 der Definitionen der Affekte) Trauer und mithin (nach Lehrsatz 41 dieses Teils) an sich schlecht; das Gute aber, das aus ihm folgt, daß wir nämlich einen Menschen, den wir bemitleiden, (nach Folgesatz 3 zu Lehrsatz 27 des 3. Teils) von seinem Elend zu befreien streben, begehren wir (nach Lehrsatz 37 dieses Teils) schon nach dem bloßen Gebote der Vernunft zu vollbringen; zudem können wir (nach Lehrsatz 27 dieses Teils) nur nach dem bloßen Gebote der Vernunft etwas tun, wovon wir gewiß wissen, daß es gut ist. Und folglich ist Mitleid bei einem Menschen, der nach der Leitung der Vernunft lebt, an sich schlecht und unnütz. W. z. b. w.

Folgesatz: Hieraus folgt, daß der Mensch, der nach dem Gebot der Vernunft lebt, soviel er kann, zu bewirken strebt, daß er nicht von Mitleid gerührt werde.

Anmerkung: Wer richtig erkannt hat, daß alles aus der Notwendigkeit der göttlichen Natur folgt und nach den ewigen Gesetzen und Regeln der Natur geschieht, der wird fürwahr nichts finden, was des Hasses, des Lachens

---

[*] Aus: *Ethica, ordine geometrico demonstrata* (Die Ethik nach geometrischer Methode dargestellt) 1677. 4. Teil

oder der Geringschätzung wert wäre, auch wird er niemanden bemitleiden, sondern, soweit die Kraft der menschlichen Tugend reicht, danach streben, gut zu handeln, wie man sagt, und sich zu freuen. Hierzu kommt, daß jemand, der leicht vom Affekt des Mitleids gerührt und durch das Leid oder die Tränen eines anderen bewegt wird, oft etwas tut, was er später bereut, sowohl weil wir im Affekt nie etwas tun, wovon wir gewiß wissen, daß es gut ist, als auch weil wir gar leicht durch falsche Tränen getäuscht werden. Ich spreche indessen hier ausdrücklich nur von dem Menschen, der nach der Leitung der Vernunft lebt. Denn wer weder durch die Vernunft noch durch Mitleid bewogen wird, anderen Hilfe zu leisten, der wird mit Recht ein Unmensch genannt, denn er scheint (nach Lehrsatz 27 des 3. Teils) einem Menschen nicht mehr ähnlich zu sein.

Alle Menschen sind ihm mehr oder weniger unterworfen[*]

Von Bernard de Mandeville

Barmherzigkeit ist diejenige Tugend, kraft deren ein Teil unserer aufrichtigen Liebe zu uns selbst rein und unvermischt auf andere übertragen wird, die uns nicht durch Bande der Freundschaft oder Verwandtschaft verbunden sind, sogar auf völlig Fremde, denen wir nicht verpflichtet sind und von denen wir nichts zu hoffen oder zu erwarten haben. Sobald wir die Strenge dieser Definition irgendwie mildern, muß auch die Tugend als solche etwas verlieren. Was wir für Freunde und Verwandte tun, tun wir zum Teil für uns selbst. Wenn daher jemand sich im Interesse seiner Neffen und Nichten betätigt und sagt »sie sind meines Bruders Kinder, ich tu's aus Barmherzigkeit«, so stimmt das nicht. Denn wenn er überhaupt dazu imstande ist, so wird es von ihm erwartet, und er tut es dann teilweise um seiner selbst willen. Falls er die Achtung seiner Mitmenschen schätzt und es mit der Ehre und dem guten Rufe genau nimmt, so muß er sich um seine Verwandten mehr kümmern als um Fremde; sonst würde sein Ruf leiden.

Das sittliche Verhalten, von dem hier die Rede ist, bezieht sich teils auf unsere Gedanken, teils auf unsere Handlungen und zeigt sich in dem, was wir von anderen denken oder was wir für sie tun. Um also barmherzig zu

---

[*] Aus: *The Fable of the Bees* (Die Bienenfabel) [3] 1724

sein, müssen wir zunächst alles, was andere sagen oder tun, im bestmöglichen Sinne deuten. Wenn z. B. einer sich ein Haus baut, es reich ausstattet und eine beträchtliche Summe für Gemälde und Stiche ausgibt, so müssen wir, auch wenn er sonst keinerlei Symptome christlicher Demut zeigt, doch annehmen, er tue es nicht aus Eitelkeit, sondern um die Kunst zu fördern, Arbeiter zu beschäftigen und den Armen zum Wohle des Landes eine Tätigkeit zu verschaffen. Oder: wenn jemand in der Kirche schläft, so müssen wir, solange er nicht gerade schnarcht, glauben, er schließe die Augen, um besser aufpassen zu können. Der Grund hierfür ist, daß wir unsererseits wünschen, man möchte im einen Falle unseren Geiz als Sparsamkeit auslegen und im andern Falle uns als Frömmigkeit anrechnen, was uns selbst als bloße Heuchelei bewußt ist. Barmherzigkeit zeigen wir zweitens dann, wenn wir jemandem Zeit und Mühe unentgeltlich widmen oder unseren Einfluß bei anderen zum Besten derjenigen verwenden, die es nötig haben, solche Unterstützung jedoch auf Grund von Freundschaft oder Verwandtschaft nicht von uns erwarten können. Der äußerste Grad der Barmherzigkeit besteht darin, daß wir – noch zu unseren Lebzeiten – an Leute der eben erwähnten Art weggeben, was wir selbst wertschätzen; wir sind dann damit zufrieden, lieber selbst weniger zu besitzen und zu genießen, als den anderen, denen unser Opfer zugute kommen soll, nicht zu helfen.

Diese Tugend wird nun oft durch eine Leidenschaft in uns gefälscht, die wir Mitleid oder Mitgefühl nennen und die in einem Mit-Leiden und Anteil-Nehmen bei dem Unglück und Mißgeschick anderer besteht. Alle

Menschen sind ihr mehr oder weniger unterworfen, die schwächsten Gemüter aber im allgemeinen am meisten. Sie entsteht in uns, sobald die Schmerzen und Leiden anderer Geschöpfe so heftig auf uns einwirken, daß wir unruhig werden. Sie wird uns entweder durch das Auge oder das Ohr oder durch beides vermittelt, und je näher und lebhafter der Gegenstand unseres Mitgefühls jene Sinne affiziert, um so größere Aufregung ruft sie in uns hervor, – oft stark genug, um uns große Angst und Pein zu verursachen.

Man nehme einmal an, es sei einer von uns in einem Zimmer zu ebener Erde eingeschlossen und auf dem benachbarten Hofe spiele ein gesundes, fröhliches Kind von ungefähr zwei bis drei Jahren, und zwar so nahe, daß wir es durch das Fenstergitter beinahe mit unseren Händen berühren könnten. Während wir uns an der harmlosen Belustigung des unschuldigen Kindes und seinem anspruchslosen Geschwätz vergnügen, fiele eine scheußliche ausgewachsene Sau über das Kind her, so daß dieses aufschrie und sich vor Schreck nicht zu helfen wüßte. Natürlich würde uns das beunruhigen, und wir würden mit Rufen und mit dem schrecklichsten Lärm, den wir hervorbringen könnten, versuchen, die Sau zu vertreiben. Sollte sie aber schon halbtot vor Hunger sein und sich auf Nahrungssuche wild herumtreiben, so würden wir bald sehen, wie das gierige Tier trotz allen Schreiens und trotz des drohendsten Benehmens, das wir uns ausdenken könnten, das hilflose kleine Kind niederreißen, zerfleischen und verschlingen würde. Welche unbeschreiblichen Qualen würde es machen, wenn wir sehen müßten, wie das Tier seine tödlichen Kinnladen weit öff-

nete und das arme Lämmchen mit Heißhunger nieder-
machte; wenn wir sehen müßten, wie die dem Unheil
hilflos ausgelieferten zarten Gliedmaßen erst zertrampelt und dann auseinandergerissen würden; wenn wir
sehen müßten, wie die gräßliche Sau ihren Rüssel in die
noch lebenden Eingeweide steckt, um das rauchende
Blut aufzusaugen, und wenn wir hin und wieder hören
müßten, wie die Knochen knacken und das grausame
Tier bei dem furchtbaren Mahl mit wilder Lust grunzt.
All dies zu sehen und zu hören: welche unaussprechliche
Marter wäre das für unsere Seele! Man zeige mir einmal
die schimmernde Tugend der Moralisten, die angeblich
für den Träger dieser Tugend ebenso offen zutage liegt
wie für den Betrachter seiner Handlungen; man zeige mir
einen Mut ohne jeden Anflug von Stolz und Zorn, eine
Liebe zum Vaterland ohne jeden Beigeschmack von Ehrliebe und Selbstsucht: man zeige mir, ob all das irgendwo
so klar und rein und frei von allen anderen Leidenschaften sein kann wie in unserem Falle das Mitleid! In einer
solchen Lage bedarf es keiner Tugend oder Selbstverleugnung, um ergriffen zu werden, und nicht nur ein Mensch
voll Humanität, Moral und Mitgefühl, nein, auch ein
Straßenräuber, ein Einbrecher oder ein Mörder würde
bei solchem Anlaß vor Angst fast umkommen; wie
unglückselig auch die Umstände eines Menschen sein
mögen, so würde er doch bei einem solchen Anblick eine
Zeitlang das eigene Mißgeschick vergessen, und auch
seine quälendste Leidenschaft würde dem Mitleid weichen. Niemand, der Menschenantlitz trägt, hätte ein so
verhärtetes Herz, daß es sich bei einem Anblick, für den
keine Sprache der Welt den rechten Namen hätte, nicht

vor Schmerz zusammenkrampfte. – Viele werden sich über meine Behauptung wundern, das Mitleid werde uns durch Auge oder Ohr vermittelt; ihre Richtigkeit zeigt sich aber, wenn wir bedenken, daß wir um so mehr leiden, je näher der Gegenstand, um so weniger, je entfernter er uns ist. Die Hinrichtung eines Verbrechers bewegt uns, wenn wir sie ganz von fern wahrnehmen, nur wenig im Vergleich zu dem, was wir erleben, wenn wir nahe genug sind, um die Vorgänge in seinem Inneren aus seinen Mienen zu erkennen und seine furchtbare Erregung und Todesangst in jedem Zuge seines Gesichts ausgeprägt zu sehen. Solange der betreffende Gegenstand ganz außer dem Bereich unserer Sinne liegt, kann der bloß gehörte oder geschriebene Bericht eines Unglücks nie das Gefühl des Mitleids in uns erregen. Wir können wohl über eine schlechte Nachricht, die Verluste und das Mißgeschick von Freunden und uns Nahestehenden, betroffen sein; dies ist aber kein Mitleid, sondern Kummer und Sorge, dasselbe was wir beim Tode derer, die wir lieben, oder bei der Vernichtung dessen, was wir schätzen, empfinden.

Wenn wir hören, daß drei- oder viertausend Mann, die uns alle fremd sind, mit dem Schwerte getötet oder in einen Fluß gedrängt wurden, wo sie ertranken, so sagen und glauben wir vielleicht auch, daß wir sie bemitleiden. Die allgemeine Menschenliebe gebietet uns, die Leiden anderer mitzuempfinden, und die Vernunft sagt uns, daß unser Gefühl einem Geschehen gegenüber das gleiche bleiben sollte, ob es sich nun vor unseren Augen oder weit entfernt von uns zugetragen hat; und daß wir uns schämen sollten zu gestehen, wir empfänden kein Bedauern, sobald irgend etwas dies verlangt. »Ist das ein grausamer Mensch! Er hat kein Mitleid im Leibe« heißt es dann; aber alles dies ist die Wirkung von Vernunft und Menschenliebe. Die Natur macht keine Komplimente. Wenn die äußeren Dinge uns nicht berühren, so empfindet unser Leib nichts, und wenn jemand von seinem Mitleid mit Nichtanwesenden erzählt, so ist ihm ebenso zu glauben, wie wenn er sagt, er sei unser »gehorsamer Diener«. Beim Austausch der üblichen Höflichkeiten während einer Begrüßung sind Leute, die sich nicht gerade jeden Tag sehen, oft in weniger als zwei Minuten fünf- oder sechsmal hintereinander abwechselnd sehr erfreut und sehr betrübt, fühlen aber nach dem Auseinandergehen nicht eine Spur von Kummer oder Freude mehr als vor ihrem Zusammentreffen. Nicht anders verhält es sich mit dem Mitleid: es ist unserer Willkür ebenso entzogen wie Furcht oder Zorn. Wer eine starke, lebhafte Phantasie besitzt und Dinge sich innerlich vorstellen kann, als ständen sie leibhaftig vor ihm, der vermag sich wohl in eine dem Mitleid ähnliche Stimmung hineinzuversetzen; aber das geschieht dann künstlich und oft mit Hilfe von ein bißchen Schwärmerei. Es ist lediglich eine Nachahmung von Mitleid – weshalb auch das Herz nur wenig davon verspürt. Es ist etwas an der Oberfläche Verlaufendes wie das, was wir während der Aufführung einer Tragödie erleben. Hier schaltet unser Bewußtsein unseren Verstand teilweise aus und läßt sich, um einem müßigen Spiele frönen zu können, zu einer Täuschung verleiten, wie sie nötig ist zur Erzeugung eines Gefühls, dessen sanfte Regungen uns in einem Zustande untätiger Zufriedenheit nicht unerfreulich sind.

Wie das Mitleid von uns selbst und in eigener Sache oft fälschlich für Barmherzigkeit gehalten wird, so borgt es von ihr sein Aussehen und sogar seinen Namen. Ein Bettler bittet uns, jene Tugend um Christi willen zu üben, dabei geht seine ganze Absicht auf die Erregung unseres Mitleids. Er bietet seine Leiden und körperlichen Gebrechen unserem Auge von der schlimmsten Seite dar; in gewählten Ausdrücken schildert er uns sein wirkliches oder auch erdachtes Unglück; und während er Gott darum zu bitten scheint, daß er unser Herz aufschließe, bearbeitet er in Wirklichkeit unser Ohr. Der ruchloseste Kerl nimmt seine Zuflucht zur Religion und unterstützt die Wirkung seines dummen Geschwätzes durch den jämmerlichen Ton seiner Stimme und ein gekünstelt trauriges Gebärdenspiel. Er verläßt sich aber nicht auf *ein* Gefühl allein: unserem Stolz schmeichelt er mit Titeln und ehrenden Bezeichnungen, unseren Geiz besänftigt er durch den wiederholten Hinweis auf die Geringfügigkeit der von ihm erbetenen Gabe sowie durch bedingungsweises Versprechen einer künftigen Vergeltung nebst Zinsen, die zwar weit über das vom Gesetz Erlaubte hinausgehen, glücklicherweise aber außerhalb von dessen Machtgrenze liegen. Leuten, die nicht an großstädtisches Leben gewöhnt sind, bleibt bei solchen Angriffen von allen Seiten in der Regel nichts anderes übrig, als schließlich etwas zu geben, auch wenn sie es selbst kaum entbehren können. – Welches seltsame Spiel treibt doch die Selbstliebe mit uns! Sie wacht unablässig zu unserem Schutze und zwingt uns doch, gegen unser Interesse zu handeln, sobald es gilt, ein allzu stark gewordenes Gefühl zu besänftigen. Denn wenn Mitleid uns erfaßt und wir uns überreden können, daß wir zur Unterstützung des von uns Bemitleideten und zur Linderung seiner Not beitragen, so verschafft uns dies eine gewisse Erleichterung. Daher geben denn mitleidige Leute oft ein Almosen, obwohl sie deutlich merken, sie täten es lieber nicht.

Wenn ein Gebrechen recht deutlich sichtbar oder in anderer Weise besonders beklagenswert ist und der Bettler ist imstande, es der offenen Luft auszusetzen, so ist dies manchen Leuten höchst anstößig. »Es ist ein Skandal«, rufen sie, »daß ein solcher Anblick geduldet wird.« Der Hauptgrund ist aber: es erregt ihr Mitleid sehr lebhaft, während sie gleichzeitig – sei es aus Geiz, sei es, weil sie es für eine nutzlose Ausgabe halten – nichts zu geben entschlossen sind, und dadurch wird ihnen noch unbehaglicher zumute. Sie wenden ihre Augen ab, und sind die Klagen gar zu jammervoll, so würde sich mancher gern auch die Ohren zuhalten, wenn er sich nicht schämte. Sie können nichts tun, als ihre Schritte beschleunigen und sich heftig darüber erbosen, daß überhaupt auf der Straße Bettler herumstehen dürfen. Es ist aber mit dem Mitleid wie mit der Furcht: je mehr wir mit Dingen, die diese Gefühle erregen, vertraut sind, desto weniger stören sie uns, und wem all diese Szenen und Klagen durch Gewöhnung geläufig sind, dem machen sie nur noch wenig Eindruck. – Falls er mit oder ohne Krücken gehen kann, so ist das einzige, wodurch ein strebsamer Bettler solche verhärteten Gemüter vielleicht noch zu erweichen vermag, daß er den Betreffenden auf dem Fuße folgt, sie unaufhörlich mit lautem Gejammer bedrängt und versucht, ob sie sich nicht doch noch ihren Frieden erkaufen werden. Tausende geben auf diese Weise Bettlern Geld aus demselben Beweggrunde wie ihrem Hühneraugen-Operateur, nämlich des angenehmeren Gehens wegen, und mancher Groschen wird an freche, aufdringliche Halunken verschenkt, die man, wäre es nicht unschicklich, viel lieber mit dem Stocke durchprügeln würde. All dies aber nennt die Höflichkeit des Landes »Barmherzigkeit«.

Das Gegenteil von Mitleid ist Bosheit. Ich habe von ihr gesprochen, als ich den Neid behandelte. Wer Erfahrung in der Selbstbeobachtung besitzt, wird gern zugeben, daß es sehr schwierig ist, die Wurzel und Entstehung dieses Gefühls aufzudecken. Sie gehört zu denjenigen, deren wir uns am meisten schämen; soweit sie direkt verletzend wirkt, wird sie infolgedessen durch eine verständige Erziehung leicht unterdrückt und unschädlich gemacht. Wenn jemand in unserer Nähe stolpert, so strecken wir ganz natürlich und ohne Überlegung die Hände aus, um den Sturz zu verhindern oder wenigstens abzuschwächen; dies zeigt, daß wir im Zustand der Ruhe im großen und ganzen zum Mitleid neigen. Obwohl aber Bosheit für sich allein nur wenig zu fürchten ist, so richtet sie, mit Stolz vereint, oft Schaden an und wird höchst gefährlich, sobald sie durch Zorn aufgereizt und verstärkt wird. Nichts löscht das Mitleid schneller und wirksamer aus als diese Mischung, die wir Grausamkeit nennen. Hieraus können wir ersehen, daß es zur Vollbringung einer verdienstlichen Tat nicht genügt, bloß ein Gefühl zu unterdrücken, außer wenn dies aus einem lobenswerten Prinzip geschieht; folglich auch, wie notwendig in der Begriffsbestimmung der Sittlichkeit die Einschränkung war, daß unser Handeln »aus einem vernünftigen Bestreben heraus, gut zu sein«, entspringen müsse.

Das Mitleid ist, wie ich an anderer Stelle sagte, die liebenswürdigste von allen unseren Leidenschaften, und es gibt nicht viele Gelegenheiten, bei denen wir es hemmen oder unterdrücken sollten. Ein Chirurg mag so mitfühlend sein, wie er will, wenn ihn dies nur nicht zum Vergessen oder Versäumen seiner Pflichten veranlaßt. Auch Richter und Geschworene mögen von Mitleid bewegt werden, falls sie nur dafür Sorge tragen, daß immer genau dem Gesetz nach geurteilt und die Rechtsausübung nicht beeinträchtigt wird. Kein Mitleid richtet aber mehr Unheil in der Welt an als das aus der Zärtlichkeit der Eltern entspringende, das sie hindert, ihre Kinder so zu behandeln, wie vernünftige Liebe zu ihnen es erfordern würde und sie selbst es wünschen könnten. Auch der Einfluß jenes Gefühls auf die Neigungen der Frauen ist bedeutsamer, als man gewöhnlich glaubt; sie begehen täglich Fehltritte, die ausschließlich ihrer Sinnlichkeit zugeschrieben werden, aber zum großen Teil durch Mitleid verschuldet sind.

Mitleid als Motiv zur Tugend[*]

Von Francis Hutcheson

Als nächstes wollen wir eine andere Bestimmung unseres Geistes betrachten, die ein starker Beweis dafür ist, daß wir das Wohlwollen von Natur besitzen. Dies ist das Mitleid, dessentwegen wir geneigt sind, uns um die Interessen anderer ohne Blick auf unsere persönlichen Vorteile zu bemühen. Dies bedarf kaum der Erläuterung. Keinem Menschen ist wohl dabei, wenn er sieht, wie jemand anderes sich in schmerzlicher Not befindet, es sei denn, diese Person gelte als im moralischen Sinne schlecht. Ja, es ist uns selbst in einem solchen Fall fast unmöglich, unberührt zu bleiben. Der Vorteil kann uns zu einer grausamen Tat veranlassen oder unsere Anteilnahme übertreffen, aber er kann sie kaum jemals auslöschen. Ein heftiger leidenschaftlicher Haß oder Zorn mag eine Person als völlig schlecht erscheinen lassen und so die Anteilnahme tilgen. Aber sobald die Leidenschaft vorüber ist, kehrt sie oft zurück. Eine andere uneigennützige Absicht kann selbst bei kühlem Kopf das Mitleid übertreffen, so beispielsweise die Liebe zu unserem Land oder religiöser Eifer. Die Ursachen von Verfolgungen sind im allgemeinen Liebe zur Tugend und ein Streben nach dem ewigen Glück der Menschheit, auch wenn unsere Torheit uns zu abwegigen Mitteln greifen läßt, um es zu befördern. Da-

[*] Aus: *An Inquiry into the Original of our Ideas of Beauty and Virtue, in Two Treatises* (Eine Untersuchung über den Ursprung unserer Ideen von Schönheit und Tugend) 1725, [4]1738

bei findet sich oft genügend Mitleid, so daß dem Verfolger wegen der Dinge, die er aus übergeordneten Gründen tut, unwohl wird, außer er ist der Auffassung, der Häretiker sei als schlechterdings und gänzlich böse anzusehen.

Wir können hier festhalten, auf wie wunderbare Weise die Verfassung der menschlichen Natur dazu geeignet ist, Mitleid zu erwecken. Unser Elend oder unsere Qual spiegelt sich alsbald in unserem Antlitz (sofern wir dies nicht zu verhindern trachten) und überträgt einen gewissen Schmerz auf alle Beobachter, die aus Erfahrung die Bedeutung solch trauriger Mienen im allgemeinen verstehen. Wenn wir überraschenderweise ein Übel wahrnehmen, äußern wir ganz mechanisch Ausrufe und Seufzer, so daß die Rücksicht auf Anstand sie manchmal gar nicht zurückzuhalten vermag. Das ist die Stimme der Natur, die alle Völker verstehen, und durch die alle zur Hilfe gerufen werden, die in der Nähe sind; manchmal läßt sich dadurch sogar unser schlimmster Feind erweichen.

Wir haben oben festgestellt, daß wir durch das Mitleid nicht unmittelbar dazu bewogen werden, die Beseitigung unseres Schmerzes zu wünschen. Wir finden es richtig, bei solchen Anlässen dermaßen berührt zu werden, und es mißfällt uns, wenn es anderen nicht so geht. Aber wir werden direkt dazu bewogen, für den Unglücklichen eine Erleichterung zu wünschen, ohne dabei daran zu denken, daß diese Erleichterung für uns persönlich etwas Gutes ist. Wenn wir sie als unmöglich ansehen, können wir durch Nachdenken erkennen, daß es vergeblich ist, unserem Mitleid weiterhin Raum zu geben. Dann gebietet uns unsere Selbstliebe, von dem Gegenstand abzulassen, der unsere Schmerzen verursacht, und danach zu streben, unsere Gedanken abzuwenden. Wenn es aber eine solche Überlegung nicht gibt, sind die Leute aufgrund eines natürlichen gütigen Instinktes rasch bereit, sich Gegenstände des Mitleids anzusehen und sich, auch wenn sie dafür keinen Grund angeben können, diesen Schmerzen auszusetzen. Öffentliche Hinrichtungen sind ein Beispiel dafür.

Das gleiche Prinzip läßt die Menschen in Trauerspiele gehen. Wir müssen jedoch beachten, daß die moralische Schönheit der Charaktere und Handlungen, die wir uns gerne ansehen, ein weiterer wichtiger Grund dafür sind. Denn ich bezweifle, ob es irgendeinem Publikum gefiele, erdichtete Szenen des Elends zu sehen, wenn ihm die moralischen Eigenschaften der Leidenden oder ihres Charakters und ihrer Taten fremd bleiben. Da es in diesem Falle keine Schönheit gäbe, die das Verlangen nach Betrachtung solcher Darstellungen weckte, würden wir uns, wie ich glaube, einem Schmerz nicht aussetzen, der, wie wir wissen, bloß einem erdichteten Elend entspringt.

Aus dem gleichen Grund strömten die Leute in die römischen Theater, um die Gladiatoren zu sehen. Dort sah das Volk zahlreiche Beispiele von großem Mut und Todesverachtung, von zwei bedeutenden moralischen Fähigkeiten, wenn nicht Tugenden. Daher sah Cicero sie als wichtige Lehrbeispiele für Tapferkeit an. Bei Leuten von geringer Überlegung trug der gegnerische Gladiator die ganze Schuld an den begangenen Grausamkeiten und der Mutige und Geschickte gewann in der Tat die Gunst der Zuschauer und einen tugendhaften Ruf. Er wurde durch die Notwendigkeit zur Selbstverteidigung gerechtfertigt. Zu gleicher Zeit waren sie sich aber nicht im klaren darüber, daß die wahre Ursache all der wirklichen Qualen oder Gewalttaten, die ihnen leid taten, darin bestand, daß sie selbst zu solchen Schaustellungen hinströmten und daß sie sich für Personen begeisterten, die ihnen einen solchen Anblick von Mut darboten und die Gelegenheit gaben, ihrem natürlichen Instinkt zum Mitleid zu folgen.

Können wir uns vorstellen, welche Auffassungen ein Wahlkandidat über sich selbst hervorriefe, wenn er seinen Landsleuten lediglich Szenen des Elends vorgeführt hätte? Wenn er die Hospitäler und Krankenhäuser von all ihren bemitleidenswerten Bewohnern geleert, oder wenn er so und so viele Sklaven gebunden und ohne deren Gegenwehr eigenhändig niedergemetzelt hätte? Ich würde den Erfolg seiner Wahl stark bezweifeln (auch wenn aufgrund von Mitleid seine Schaustellungen nach wie vor Zulauf fänden), wenn sein Gegenkandidat eine Unterhaltung wählt, die offenkundig tugendhafter oder die mit tugendhaften Szenen vermischt ist.

Wie sehr diese Einstellung zum Mitleid von Gewohnheit, Erziehung oder Unterweisung unabhängig ist, zeigt sich anhand ihres Vorherrschens bei Frauen und Kindern, auf die die letztgenannten Dinge weniger Einfluß haben. Daß Kinder sich über Handlungen freuen, die für Lebewesen, die sich in ihrer Gewalt haben, grausam und qualvoll sind, entspringt nicht der Bosheit oder dem Mangel an Mitleid, sondern der Unkenntnis jener Anzeichen von Schmerz, die viele Geschöpfe von sich geben, und aus der Neugierde, die verschiedenen Verdrehungen ihrer Körper sehen zu wollen. Sobald sie mit diesen Geschöpfen nämlich besser vertraut sind oder aus irgendeinem Grunde ihre Leiden erkennen, wird ihr Mitleid oft gegenüber ihrer Vernunft übermächtig – so geschieht es im allgemeinen beim Anblick von Hinrichtungen. Denn sowie sie die Anzeichen von Qual oder Schmerz beim Übeltäter wahrnehmen, neigen sie dazu, diese notwendige Methode der Selbstverteidigung des Staates zu verurteilen. Einige haben folgendes behauptet: Auch wenn der Anblick des Leides eines anderen uns auf die eine oder andere Weise Schmerzen bereite, so sei doch gleichwohl das Gefühl des Mitleids auch von Freude begleitet; diese Freude sei stärker als der Schmerz der Sympathie, und daher strebten wir danach, in uns Mitleid zu erwekken, und seien geneigt, es zu ertragen. – Wäre dies tatsächlich der Fall, dann wäre es von Natur das Streben des Mitleidenden, daß der Leidende immerfort litte, um diesen Zustand zwar nicht als reine Freude, aber doch als eine allen Schmerzen überlegene Freude dauernd zu genießen.

Ein Nebeneffekt[*]

Von David Hume

Das Verlangen nach dem Glück oder Unglück anderer, je nachdem wir Liebe oder Haß für sie empfinden, ist zwar ein zufälliger und ursprünglich unserer Natur eingepflanzter Instinkt; aber wir machen die Erfahrung, daß dasselbe unter mancherlei Umständen der Natur künstlich nacherzeugt und durch Nebenmomente hervorgerufen werden kann. Das *Mitleid* ist ein Bedauern, die Schadenfreude ist Freude über das Unglück anderer, ohne daß Freundschaft oder Feindschaft bei diesem Bedauern oder bei dieser Freude mitspielen. Wir bedauern auch Fremde, und solche, die uns ganz gleichgültig sind. Ist unser Übelwollen gegen jemand in einer Schädigung oder Beleidigung begründet, so ist es, genau genommen, nicht Schadenfreude, sondern Rachegefühl. Untersuchen wir aber die Affekte des Mitleids und der Schadenfreude, so werden wir finden, daß es Nebenaffekte sind, die aus ursprünglichen Affekten entstehen, wenn solche durch eine bestimmte Wendung unserer Gedanken und unserer Einbildungskraft abgeändert werden.

Es ist leicht, den Affekt des *Mitleids* aus der vorhergehenden Betrachtung des *Mitgefühls* zu erklären. Wir haben eine lebhafte Vorstellung von allem, das mit uns in Zusammenhang steht. Alle menschlichen Wesen aber stehen durch Ähnlichkeit mit uns in Zusammenhang.

[*] Aus: *A Treatise of Human Nature* (Ein Traktat über die menschliche Natur) 1739/40. II 2. 7.

Deshalb müssen uns ihre Person, ihre Interessen, ihre Affekte, ihre Freuden und Leiden in lebhafter Weise berühren und ein Gefühl hervorrufen, das dem Original gleicht; denn eine lebhafte Vorstellung verwandelt sich leicht in einen Eindruck. Wenn dies allgemein zutrifft, so wird es bei Betrübnis und Kummer erst recht so sein. Diese haben ja immer eine anhaltendere und stärkere Wirkung als irgendwelche Freuden und Genüsse.

Der Zuschauer einer Tragödie erlebt eine lange Reihe von Kummer, Schrecken, Entrüstung und anderen Affekten, die der Autor in seinen Personen darstellt. Manche Tragödien enden glücklich, und keine hervorragend gute kann ohne Wendungen des Geschicks verlaufen. Allem diesem Wechsel nun muß der Zuschauer sympathisierend folgen; er muß die erdichtete Freude, wie jeden anderen Affekt, in sich aufnehmen. Hier kann man entweder behaupten, daß jeder einzelne Affekt sich vermöge einer bestimmten, ihm von Hause aus anhaftenden Eigenschaft mitteilt, also nicht aus dem allgemeinen, oben dargelegten Prinzip der Sympathie entspringt; oder es muß zugegeben werden, daß sie *alle* aus diesem Prinzip entspringen. Irgendeinen derselben auszunehmen, müßte höchst unvernünftig scheinen. Da sie zuerst alle im Gemüt einer Person vorhanden sind, und später in den Gemütern anderer auftreten, und da ihr Auftreten – zuerst als Vorstellung, dann als Eindruck – in allen Fällen gleicher Art ist, so muß dieser Übergang auch jedesmal aus demselben Prinzip sich herleiten. Ich bin wenigstens fest überzeugt, daß diese Art der Schlußfolgerung sowohl in der Naturwissenschaft, als im täglichen Leben, für beweiskräftig gelten würde.

Hierzu kommt, daß das Mitleid in hohem Maße von der Nähe, und sogar von dem Anblick seines Objekts abhängt. Dies beweist, daß es der Einbildungskraft entstammt. Ich brauche nicht daran zu erinnern, daß Frauen und Kinder dem Mitleid am meisten unterworfen sind. Sie sind eben am meisten von jenem Vermögen geleitet. Dieselbe Schwäche, die sie beim Anblick eines gezogenen Schwertes in Ohnmacht fallen läßt, auch wenn dasselbe sich in den Händen ihres besten Freundes befindet, veranlaßt sie auch, solche, die sich irgendwie in Kummer und Not befinden, außerordentlich zu bemitleiden. Es gibt Philosophen, welche diesen Affekt erklären aus wer weiß welchen Betrachtungen über die Wandelbarkeit des Glücks, und über die Möglichkeit, daß wir einem ebensolchen Unglück, wie wir es vor uns sehen, anheim fallen. Solche Philosophen werden finden, daß diese Beobachtung sie widerlegt; es wäre leicht, noch eine Menge solcher, die dies in gleicher Weise tun, vorzuführen.

Es bleibt noch übrig, daß wir eine ziemlich merkwürdige Eigentümlichkeit dieses Affektes beachten. Der mitgeteilte Affekt der Sympathie empfängt zuweilen Kraft aus der Schwäche seines Ursprungs, ja er entsteht sogar durch eine Übertragung von Affekten, die gar nicht vorhanden sind. Erlangt jemand ein ehrenvolles Amt, oder erbt ein großes Vermögen, so freuen wir uns um so mehr über sein Glück, je weniger er selbst es zu fühlen scheint, je mehr Gleichmut und Unempfindlichkeit also er in seinem Genusse zeigt. Ebenso wird jemand, den sein Unglück nicht niederdrückt, seiner Geduld wegen mehr beklagt. Ist diese Tugend so groß, daß sie jedes Bewußtsein eines Ungemachs beseitigt, so steigert dies noch unser Mitleid. Wird ein verdienstvoller Mensch von etwas betroffen, das man gemeinhin für ein großes Unglück hält, so machen wir uns ein [entsprechendes] Bild seiner Lage; unsere Einbildungskraft geht von der Ursache zu der gewöhnlichen Wirkung. So erhalten wir zuerst eine lebhafte Vorstellung seines Kummers und fühlen dann den Eindruck desselben. Dabei übersehen wir ganz jene Seelengröße, die ihn über solche Gefühlserregungen erhebt, oder ziehen dieselbe nur insoweit in Betracht, als sie unsere Bewunderung, Liebe und freundschaftliche Gesinnung für ihn steigert. Wir wissen aus Erfahrung, daß ein bestimmter Grad des Affektes gewöhnlich mit solchem Unglück verbunden zu sein pflegt. In dem in Rede stehenden Fall nun liegt eine Ausnahme vor. Aber die Einbildungskraft wird von der *allgemeinen Regel* bestimmt, und läßt uns demgemäß eine lebhafte Vorstellung des Affektes vollziehen. Vielmehr, wir fühlen den Affekt selbst, genau so, wie wenn die betreffende Person wirklich von demselben erregt würde. Es beruht auf demselben Prinzip, wenn wir für diejenigen erröten, die sich vor unseren Augen einfältig benehmen, obgleich sie selbst kein Gefühl für ihre Schande, und nicht das geringste Bewußtsein ihrer Torheit verraten. Alles dies entspringt aus der Sympathie; aber es ist eine partielle Sympathie, d. h. eine solche, die ihr Objekt nur von einer Seite aus betrachtet, ohne die andere zu beachten, die eine entgegengesetzte Wirkung hätte, und jenes Gefühl, welches aus der ersten [und oberflächlichen] Betrachtung entsteht, vollständig vernichten würde.

Es gibt auch Fälle, in denen unser Mitleid mit einem Unglücklichen durch seine Gleichgültigkeit und Unempfindlichkeit gegen das Unglück erhöht wird, auch wenn diese Verhaltensweise nicht aus irgendwelcher Tugend oder Seelengröße hervorgeht. Es ist beim Mord ein erschwerender Umstand, wenn derselbe an schlafenden oder völlig ahnungslosen Personen verübt wird. Wenn es geschieht, daß ein fürstliches Kind in die Gefangenschaft seiner Feinde gerät, so heben Historiker gern hervor, daß dasselbe um so bemitleidenswerter sei, je weniger es seiner üblen Lage sich bewußt sei. Da wir in solchem Falle die üble Lage des Betreffenden kennen, so erregt sie in uns eine lebhafte Vorstellung und eine Empfindung von Kummer, dem Affekt, der sie *allgemein* begleitet. Diese Vorstellung wird aber noch lebhafter, und die Empfindung stärker, durch den Gegensatz zu jener Ahnungslosigkeit und Gleichgültigkeit, die wir in der Person selbst gewahren. Jedweder Gegensatz wirkt auf die Einbildungskraft, besonders wenn er sich an einem Subjekt findet. Das Mitleid aber hängt vollständig von der Einbildungskraft ab.

Dieses himmlische Gefühl[*]

Von Moses Mendelssohn

Es ist die eintzige unangenehme Empfindung, die uns reitzet, und dasjenige, was in den Trauerspielen unter dem Namen des Schreckens bekannt ist, ist nichts als ein Mitleiden, das uns schnel überrascht; denn die Gefahr drohet niemals uns selbst, sondern unserm Nebenmenschen, den wir bedauern. Was hat also diese Empfindung vor allen andern voraus, daß sie unangenehm seyn, und uns dennoch gefallen kann?

Eure Meinungen sind hierüber getheilt, geliebteste Freunde! Allein was ist das Mitleiden? Ist es nicht selbst eine Vermischung von angenehmen und unangenehmen Empfindungen? Hier zeigt sich ein merklicher Vorzug, durch den sich diese Gemüthsbewegung von allen andern unterscheidet. Sie ist nichts als die Liebe zu einem Gegenstande, mit dem Begriffe eines Unglücks, eines physicalischen Uebels, verbunden, das ihm unverschuldet zugestossen. Die Liebe stützt sich auf Vollkommenheiten, und muß uns Lust gewähren, und der Begrif eines unverdienten Unglücks, macht uns den unschuldigen Geliebten schätzbarer und erhöhet den Werth seiner Vortrefflichkeiten. – Dieses ist die Natur unsrer Empfindungen. Wenn sich einige bittere Tropfen in die honigsüsse Schale des Vergnügens mischen; so erhöhen sie den Geschmack des Vergnügens und verdoppeln seine Süßig-

[*] Aus: *Über die Empfindungen* (1755)

keiten. Jedoch nur alsdenn, wenn die beiden Arten von Empfindungen, daraus die Vermischung besteht, nicht einander schnurstracks entgegen gesetzt sind.

Wenn zu dem Begriffe eines gegenwärtigen Glückes die wehmüthige Erinnerung jenes Elends darinn wir vorher gelebt, hinzukömmt; so vergiessen wir Freudenthränen; Thränen, die der Gipfel aller Freuden sind. Warum? Der Begrif einer vergangenen Unvollkommenheit, streitet nicht wider den Begrif der gegenwärtigen Vollkommenheit. Beide können mit einander bestehen, und jene uns zum Gefühle des Vergnügens empfindlicher machen.

Wäre aber dies gegenwärtige Glück nicht vollständig, wären noch einige bedrengte Umstände übrig, die uns noch gegenwärtig schmertzeten, so würden sie einen Theil der Freude aufreiben, und ihren Grad merklich verringern. Daher habe ich gesagt, sie müssen einander nicht schnurstraks entgegen gesetzt seyn; sie müssen neben einander bestehen können.

Welche Wollust muß sich also aus der Quelle des Mitleidens über uns ergiessen! Und wie bedaurenswürdig sind diejenigen, deren Herz für dieses himmlische Gefühl verschlossen ist? Die inbrünstigste Liebe streitet nicht wider den Begrif eines physicalischen Uebels, davon unser Geliebter gedrückt wird. Sie können beyde bestehen. Ja wir fühlen die Süßigkeiten der Freundschaft niemals in vollerm Masse, als wenn unserm Freunde ein Unglück zustößt, und er unser Mitleiden verdienet. Alle seine Vollkommenheiten, seine mindesten Vorzüge leuchten uns alsdenn mit doppeltem Glantze in die Augen, zumal wenn er selbst nicht Schuld an seinem Unglück ist.

Sehet jene Menge, die sich um einen Verurtheilten in

dichten Haufen drenget. Sie haben alle Greuel vernommen, die der Lasterhafte begangen; sie haben seinen Wandel, und vielleicht ihn selbst verabscheuet. Jetzt schleppt man ihn entstellt und ohnmächtig auf das blutende Schaugerüste. Man arbeitet sich durch das Gewühl, man stellt sich auf die Zähen, man klettert die Dächer hinan, um die Züge des Todes sein Gesicht entstellen zu sehen. Sein Urtheil ist gesprochen; sein Henker nahet sich ihm; ein Augenblick wird sein Schicksal entscheiden. Wie sehnlich wünschen ietzt aller Herzen, daß ihm verziehen würde! Ihm? Dem Gegenstande ihres Abscheues, den sie einen Augenblick vorher selbst zum Tode verurtheilt haben würden? Wodurch wird ietzt ein Strahl der Menschenliebe wiederum bey ihnen rege? Ist es nicht die Annäherung der Strafe, der Anblick der entsetzlichsten physicalischen Uebel, die uns so gar mit einem Ruchlosen gleichsam aussöhnen, und ihm unsere Liebe erwerben? Ohne Liebe könnten wir unmöglich mitleidig mit seinem Schicksale seyn.

Um wie viel mehr muß also nicht die theatralische Vorstellung unzähliger Unglücksfälle, denen ein Tugendhafter unterliegt, unsere Liebe zu seinen Vollkommenheiten erhöhen und ihn in unsern Augen würdiger machen? Wenn uns gleich in der Natur ein solcher Anblick unerträglich seyn würde, weil das Mißvergnügen über sein unverdientes Unglück das Vergnügen, das aus der Liebe entspringt, bey weitem überträfe; so gefällt es dennoch auf der Schaubühne. Denn die Erinnerung, daß es nichts als ein künstlicher Betrug sey, lindert einigermassen unsern Schmertz und läßt nur soviel davon übrig, als nöthig ist, unsrer Liebe die gehörige Fülle zu geben.

Die reine Regung der Natur[*]

Von Jean-Jacques Rousseau

Es gibt im übrigen noch ein […] Prinzip, das Hobbes nicht bemerkt hat und das – da es dem Menschen gegeben worden ist, um unter bestimmten Umständen die Grimmigkeit seiner Eigenliebe oder das Verlangen nach Selbsterhaltung vor der Entstehung dieser Liebe zu mildern – den Eifer, den er für sein Wohlbefinden hegt, durch einen angeborenen Widerwillen mäßigt, seinen Mitmenschen leiden zu sehen. Ich glaube nicht, irgendeinen Widerspruch befürchten zu müssen, wenn ich dem Menschen die einzige natürliche Tugend zuspreche, die der überspannteste Herabsetzer der menschlichen Tugenden [Mandeville] anzuerkennen gezwungen gewesen ist. Ich spreche vom Mitleid – einer Disposition, die für so schwache und so vielen Übeln ausgesetzte Wesen, wie wir es sind, angemessen ist; eine dem Menschen um so universellere und um so nützlichere Tugend, als sie bei ihm dem Gebrauch jeder Reflexion vorausgeht, und eine so natürliche, daß selbst die Tiere manchmal wahrnehmbare Zeichen davon geben. Ohne von der Zärtlichkeit der Mütter für ihre Jungen und von den Gefahren zu sprechen, denen sie trotzen, um sie vor diesen zu beschützen, beobachtet man täglich den Widerwillen der Pferde, einen lebenden Körper mit Füßen zu treten. Ein Tier geht nicht ohne Unruhe an einem toten Tier seiner Art vor-

[*] Aus: *Discours sur l'origine et les fondements de l'inégalité parmi les hommes* (Diskurs über die Ungleichheit) 1755

über: Es gibt sogar welche, die ihnen eine Art von Begräbnis zuteil werden lassen; und das traurige Brüllen des Viehs, wenn es in ein Schlachthaus hinauskommt, weist auf den Eindruck hin, den es von dem entsetzlichen Schauspiel erhält, das sich ihm eröffnet. Man sieht mit Vergnügen, wie der Autor der *Bienenfabel*, gezwungen den Menschen als ein mitleidvolles und empfindendes Wesen anzuerkennen, sich in dem Beispiel, das er dafür gibt, von seinem kalten und subtilen Stil löst, um das uns pathetische Bild eines eingeschlossenen Menschen zu zeigen, der draußen ein grimmiges Tier sieht, wie es ein Kind von der Brust seiner Mutter reißt, die schwachen Glieder mit seinem mörderischen Zahn zerbricht und die zuckenden Eingeweide dieses Kindes mit seinen Krallen zerfetzt. Welche fürchterliche Gemütsbewegung muß dieser Zeuge eines Ereignisses durchleben, an dem er keinerlei persönliches Interesse nimmt! Welche Ängste muß er bei diesem Anblick durchleiden, außerstande, der in Ohnmacht gesunkenen Mutter oder dem sterbenden Kind irgendwelche Hilfe zu leisten!

Dies ist die reine Regung der Natur, die jeder Reflexion vorausliegt; dies ist die Macht des natürlichen Mitleids, das die depraviertesten Sitten noch Mühe haben zu zerstören, da man in unseren Theatern täglich sieht, wie manch einer sich vom Leid und Unheil eines Unglücklichen rühren läßt und darüber weint, der, wäre er an der Stelle des Tyrannen, die Qualen seines Feindes noch verschärfen würde, gleich dem blutdürstigen Sulla, der gegen Leiden, die er nicht verursacht hatte, so empfindlich war, oder jenem Alexander von Pherae, der es nicht wagte, der Aufführung irgendeiner Tragödie beizuwohnen, aus Furcht, daß man ihn mit Andromache und Priamos wehklagen sähe, während er die Schreie so vieler Bürger, die man täglich auf seine Befehle hin umbrachte, unbewegt mitanhörte.

> *Mollissima corda*
> *Humano generi dare se natura fatetur,*
> *Quae lacrimas dedit.* *

Mandeville hat gut erfaßt, daß die Menschen mit all ihrer Moral nie etwas anderes als Ungeheuer gewesen wären, wenn die Natur ihnen nicht das Mitleid zur Stütze der Vernunft gegeben hätte; aber er hat nicht gesehen, daß aus dieser Eigenschaft allein sich alle gesellschaftlichen Tugenden ergeben, die er den Menschen streitig machen will. In der Tat, was ist die Großmut, die Milde, die Menschlichkeit, wenn nicht das auf die Schwachen, die Schuldigen oder die menschliche Art im allgemeinen angewandte Mitleid? Das Wohlwollen und selbst die Freundschaft sind, recht verstanden, Erzeugnisse eines konstanten, auf einen besonderen Gegenstand fixierten Mitleids: denn zu wünschen, daß einer nicht leide, was heißt das anderes als zu wünschen, daß er glücklich sei? Selbst wenn es wahr wäre, daß das Mitleid nur ein Gefühl wäre, das uns an die Stelle dessen versetzt, der leidet – ein Gefühl, das im wilden Menschen dunkel und lebhaft, im bürgerlichen Menschen entwickelt, aber schwach ist –, was würde diese Vorstellung für die Wahr-

---

* *Die Natur, die dem Menschengeschlecht die Tränen gab, bekennt damit, daß sie ihm die weichsten Herzen gibt.* Juvenal: *Satiren*, XV, 131-133.

heit dessen, was ich sage, bedeuten, außer daß sie ihr zusätzlich Kraft verliehe? In der Tat, das Mitleid wird um so nachdrücklicher sein, je inniger sich das Tier, das zusieht, mit dem Tier, das leidet, identifiziert: Nun ist evident, daß diese Identifikation im Naturzustand unendlich viel enger gewesen sein muß als im Zustand der Vernunfterwägung. Die Vernunft erzeugt die Eigenliebe und die Reflexion verstärkt sie; sie läßt den Menschen sich auf sich selbst zurückziehen; sie trennt ihn von allem, was ihm lästig ist und ihn betrübt. Die Philosophie isoliert ihn; ihretwegen sagt er beim Anblick eines leidenden Menschen insgeheim: Stirb, wenn du willst, ich bin in Sicherheit. Nur mehr die Gefahren für die ganze Gesellschaft können den ruhigen Schlaf des Philosophen stören und ihn aus seinem Bett reißen. Man kann seinen Mitmenschen unter seinem Fenster ungestraft umbringen; er braucht sich nur die Ohren zuzuhalten und sich ein paar Argumente zurechtzulegen, um die Natur, die sich in ihm empört, daran zu hindern, ihn mit dem zu identifizieren, den man meuchlings ermordet. Der wilde Mensch hat dieses bewundernswerte Talent nicht, und aus Mangel an Weisheit und Vernunft sieht man ihn stets sich unbesonnen dem ersten Gefühl der Menschlichkeit überlassen. Bei den Unruhen, bei den Streitereien in den Straßen läuft der Pöbel zusammen, der kluge Mensch entfernt sich; es ist die Kanaille, es sind die Marktweiber, welche die Kämpfenden trennen und die rechtschaffenen Leute daran hindern, einander umzubringen.

Es ist also ganz gewiß, daß das Mitleid ein natürliches Gefühl ist, das, da es in jedem Individuum die Aktivität der Selbstliebe mäßigt, zur wechselseitigen Erhaltung der ganzen Art beiträgt. Es veranlaßt uns ohne Reflexion zur Unterstützung derer, die wir leiden sehen; im Naturzustand vertritt es die Stelle der Gesetze, der Sitten und der Tugend – mit dem Vorteil, daß keiner versucht ist, seiner süßen Stimme den Gehorsam zu versagen; es wird jeden kräftigen Wilden davon abbringen, einem schwachen Kind oder einem gebrechlichen Greis seinen mühsam erworbenen Lebensunterhalt wegzunehmen, wenn er selbst den seinigen anderswo finden zu können hofft. Anstelle jener erhabenen Maxime der durch Vernunft erschlossenen Gerechtigkeit: *Tue anderen, wie du willst, daß man dir tue* gibt das Mitleid allen Menschen diese andere Maxime der natürlichen Güte ein, die viel weniger vollkommen, aber vielleicht nützlicher ist als die vorhergehende: *Sorge für dein Wohl mit dem geringstmöglichen Schaden für andere.* Mit einem Wort: man muß eher in diesem natürlichen Gefühl als in subtilen Argumenten die Ursache für den Widerwillen suchen, den jeder Mensch, sogar unabhängig von den Maximen der Erziehung, dagegen verspüren würde, Böses zu tun. Obschon es Sokrates und den Geistern seines Schlages zukommen mag, Tugend durch Vernunft zu erlangen – das Menschengeschlecht wäre längst nicht mehr, wenn seine Erhaltung nur von den Vernunfterwägungen derer abhängig gewesen wäre, aus denen es sich zusammensetzt.

Der mitleidigste Mensch
ist der beste Mensch[*]

Von Gotthold Ephraim Lessing

Es kann sein, daß wir dem Grundsatze: *Das Trauerspiel soll bessern*, manches elende aber gutgemeinte Stück schuldig sind; es kann sein, sage ich, denn diese Ihre Anmerkung klingt ein wenig zu sinnreich, als daß ich sie gleich für wahr halten sollte. Aber das erkenne ich für wahr, daß kein Grundsatz, wenn man sich ihn recht geläufig gemacht hat, bessere Trauerspiele kann hervorbringen helfen, als der: *Die Tragödie soll Leidenschaften erregen.*

Nehmen Sie einen Augenblick an, daß der erste Grundsatz eben so wahr als der andere sei, so kann man doch noch hinlängliche Ursachen angeben, warum jener bei der Ausübung mehr schlimme, und dieser mehr gute Folgen haben müsse. Jener hat nicht deswegen schlimme Folgen, weil er ein *falscher* Grundsatz ist, sondern deswegen, weil er entfernter ist, als dieser, weil er bloß den Endzweck angiebt, und dieser die Mittel. Wenn ich die Mittel habe, so habe ich den Endzweck, aber nicht umgekehrt. Sie müssen also stärkere Gründe haben, warum Sie hier vom Aristoteles abgehen, und ich wünschte, daß Sie mir einiges Licht davon gegeben hätten; denn dieser Versäumung schreiben Sie es nunmehr zu, daß Sie hier meine Gedanken lesen müssen, wie ich glaube, daß man

---

[*] Lessing an Nicolai im November 1756

die Lehre des alten Philosophen verstehen solle, und wie ich mir vorstelle, daß das Trauerspiel durch Erzeugung der Leidenschaften bessern kann.

Das meiste wird darauf ankommen: was das Trauerspiel für Leidenschaften erregt. In seinen Personen kann es alle möglichen Leidenschaften wirken lassen, die sich zu der Würde des Stoffes schicken. Aber werden auch zugleich alle diese Leidenschaften in den Zuschauern rege? Wird er freudig? wird er verliebt, wird er zornig? wird er rachsüchtig? Ich frage nicht, ob ihn der Poet so weit bringt, daß er diese Leidenschaften in der spielenden Person billiget, sondern ob er ihn so weit bringt, daß er diese Leidenschaften selbst *fühlt*, und nicht bloß fühlt, ein andrer fühle sie?

Kurz, ich finde keine einzige Leidenschaft, die das Trauerspiel in dem Zuschauer rege macht, als das Mitleiden. Sie werden sagen: erweckt es nicht auch Schrecken? erweckt es nicht auch Bewunderung? Schrecken und Bewunderung sind keine Leidenschaften, nach meinem Verstande. Was denn? Wenn Sie es in Ihrer Abschilderung getroffen haben, was Schrecken ist, »eris mihi magnus Apollo«, und wenn Sie es getroffen haben, was Bewunderung ist, »Phyllida solus habeto«.*

Setzen Sie sich hier auf Ihre Richterstühle, meine Herren, Nikolai und Moses. Ich will es sagen, was ich mir unter beiden vorstelle.

Das Schrecken in *der Tragödie* ist weiter nichts als die plötzliche Überraschung des Mitleides, ich mag den Ge-

* »Du sollst mir der große Apollo sein. – Du sollst mir Phyllis besitzen.« Vergil, *Ecloge* III, v. 104 u. 107.

genstand meines Mitleids kennen oder nicht. Z.E. endlich bricht der Priester damit heraus: *Du Oedip bist der Mörder des Lajus!* Ich erschrecke, denn auf einmal sehe ich den rechtschaffnen Oedip unglücklich; mein Mitleid wird auf einmal rege. Ein ander Exempel: es erscheinet ein Geist; ich erschrecke: der Gedanke, daß er nicht erscheinen würde, wenn er nicht zu des einen oder zu des andern Unglück erschiene, die dunkle Vorstellung dieses Unglücks, ob ich den gleich noch nicht kenne, den es treffen soll, überraschen mein Mitleid, und dieses überraschte Mitleid heißt Schrecken. Belehren Sie micht eines Bessern, wenn ich Unrecht habe.

Nun zur Bewunderung! Die Bewunderung! *O in der Tragödie*, um mich ein wenig orakelmäßig auszudrükken, ist das entbehrlich gewordene Mitleiden. Der Held ist unglücklich, aber er ist über sein Unglück so weit erhaben, er ist selbst so stolz darauf, daß es auch in meinen Gedanken die schreckliche Seite zu verlieren anfängt, daß ich ihn mehr beneiden, als bedauern möchte.

Die Staffeln sind also diese: Schrecken, Mitleid, Bewunderung. Die Leiter aber heißt: Mitleid; und Schrecken und Bewunderung sind nichts als die ersten Sprossen, der Anfang und das Ende des Mitleids. Z.E. Ich höre auf einmal, nun ist Cato so gut als des Cäsars. *Schrecken!* Ich werde hernach mit der verehrungswürdigen Person des erstem, und auch nachher mit seinem Unglücke bekannt. *Das Schrecken zerteilet sich in Mitleid.* Nun aber hör' ich ihn sagen: *Die Welt, die Cäsarn dient, ist meiner nicht mehr wert. Die Bewunderung setzt dem Mitleiden Schranken.* Das Schrecken braucht der Dichter zur Ankündigung des Mitleids, und Bewunderung gleichsam zum Ruhepunkt desselben. Der Weg zum Mitleid wird dem Zuhörer zu lang, wenn ihn nicht gleich der erste Schreck aufmerksam macht, und das Mitleiden nützt sich ab, wenn es sich nicht in der Bewunderung erholen kann. Wenn es also wahr ist, daß die ganze Kunst des tragischen Dichters auf die sichere Erregung und Dauer des einzigen Mitleidens geht, so sage ich nunmehr, die Bestimmung der Tragödie ist diese: sie soll *unsre Fähigkeit, Mitleid zu fühlen*, erweitern. Sie soll uns nicht bloß lehren, gegen diesen oder jenen Unglücklichen Mitleid zu fühlen, sondern sie soll uns so weit fühlbar machen, daß uns der Unglückliche zu allen Zeiten, und unter allen Gestalten, rühren und für sich einnehmen muß. Und nun berufe ich mich auf einen Satz, den Ihnen Herr Moses vorläufig demonstrieren mag, wenn Sie, Ihrem eignen Gefühl zum Trotz, daran zweifeln wollen. *Der mitleidigste Mensch ist der beste Mensch*, zu allen gesellschaftlichen Tugenden, zu allen Arten der Großmut der aufgelegteste. Wer uns also mitleidig macht, macht uns besser und tugendhafter, und das Trauerspiel, das jenes tut, tut auch dieses, oder – es tut jenes, um dieses tun zu können. Bitten Sie es dem Aristoteles ab, oder widerlegen Sie mich.

Auf gleiche Weise verfahre ich mit der Komödie. Sie soll uns zur Fertigkeit verhelfen, alle Arten des Lächerlichen leicht wahrzunehmen. Wer diese Fertigkeit besitzt, wird in seinem Betragen alle Arten des Lächerlichen zu vermeiden suchen, und eben dadurch der wohlgezogenste und gesittetste Mensch werden. Und so ist auch die Nützlichkeit der Komödie gerettet.

Beider Nutzen, des Trauerspiels sowohl als des Lustspiels, ist von dem Vergnügen unzertrennlich; denn die ganze Hälfte des Mitleids und des Lachens ist Vergnügen, und es ist großer Vorteil für den dramatischen Dichter, daß er weder nützlich, noch angenehm, eines ohne das andere sein kann.

Ich bin jetzt von diesen meinen Grillen so eingenommen, daß ich, wenn ich eine dramatische Dichtkunst schreiben sollte, weitläufige Abhandlungen vom Mitleid und Lachen voranschicken würde. Ich würde beides sogar mit einander vergleichen, ich würde zeigen, daß das Weinen eben so aus einer Vermischung der Traurigkeit und Freude, als das Lachen aus einer Vermischung der Lust und Unlust entstehe: ich würde weisen, wie man das Lachen in Weinen verwandeln kann, wo man auf der einen Seite Lust zur Freude, und auf der andern Unlust zur Traurigkeit, in beständiger Vermischung anwachsen läßt; ich würde – Sie glauben nicht, was ich alles würde.

Ich will Ihnen nur noch einige Proben geben, wie leicht und glücklich aus meinem Grundsatze, nicht nur die vornehmste bekannte Regel, sondern auch eine Menge neuer Regeln fließe, an deren Statt man sich mit dem bloßen Gefühle zu begnügen pflegt.

Das Trauerspiel soll so viel Mitleid erwecken, als es nur immer kann; folglich müssen alle Personen, die man unglücklich werden läßt, gute Eigenschaften haben, folglich muß die beste Person auch die unglücklichste sein, und Verdienst und Unglück in beständigem Verhältnisse bleiben. Das ist, der Dichter muß keinen von allem Guten entblößten Bösewicht aufführen. Der Held oder die beste Person muß nicht, gleich einem Gotte, seine Tugenden ruhig und ungekränkt übersehen. Ein Fehler des Canuts, zu dessen Bemerkung Sie auf einem andern Wege gelanget sind. Merken Sie aber wohl, daß ich hier nicht von dem Ausgange rede, denn da stelle ich in des Dichters Gutbefinden, ob er lieber die Tugend durch einen glücklichen Ausgang krönen, oder durch einen unglücklichen uns noch interessanter machen will. Ich verlange nur, daß die Personen, die mich am meisten für sich einnehmen, *während der Dauer des Stücks*, die unglücklichsten sein sollen. Zu dieser Dauer aber gehöret nicht der Ausgang.

Das Schrecken, habe ich gesagt, ist das überraschte Mitleiden; ich will hier noch ein Wort hinzusetzen: das überraschte *und unentwickelte* Mitleiden; folglich wozu die Überraschung, wenn es nicht entwickelt wird? Ein Trauerspiel voller Schrecken, ohne Mitleid, ist ein Wetterleuchten ohne Donner. So viel Blitze, so viel Schläge, wenn uns der Blitz nicht so gleichgültig werden soll, daß wir ihm mit einem kindischen Vergnügen entgegen gaffen. Die Bewunderung, habe ich mich ausgedrückt, ist das entbehrlich gewordene Mitleid. Da aber das Mitleid das Hauptwerk ist, so muß es folglich so selten als möglich entbehrlich werden; der Dichter muß seinen Held nicht zu sehr, nicht zu anhaltend der bloßen Bewunderung aussetzen, und Cato als ein Stoiker ist mir ein schlechter tragischer Held. Der bewunderte Held ist der Vorwurf der Epopee; der *bedauerte* des Trauerspiels. Können Sie sich einer einzigen Stelle erinnern, wo der Held des Homers, des Virgils, des Tasso, des Klopstocks, Mitleiden erweckt? oder eines einzigen alten Trauerspiels, wo der Held mehr bewundert als bedauert wird?

Erziehung zum Mitleid[*]

Von Jean-Jacques Rousseau

Die Schwäche macht den Menschen gesellig, und unsere gemeinsamen Unzulänglichkeiten führen unsere Herzen zur Menschlichkeit. Wir schuldeten ihr nichts, wenn wir nicht Menschen wären; jede Anhänglichkeit ist ein Zeichen eigenen Ungenügens, denn wenn jeder von uns nicht eines andern bedürfte, dächte er kaum daran, sich mit andern zu vereinigen. So entspringt aus unserer Schwachheit unser gebrechliches Glück. Ein wahrhaft glückliches Wesen ist einsam: Gott allein erfreut sich absoluten Glücks, aber wer von uns hat einen Begriff davon? Wenn irgendein unvollkommenes Wesen sich selbst genügen könnte, wessen könnte es sich unserer Meinung nach denn noch erfreuen? Es wäre allein und elend. Ich begreife nicht, daß jemand, der keinerlei Bedürfnis hat, noch irgend etwas liebt; und ebensowenig begreife ich, daß jemand, der nichts liebt, glücklich sein kann.

Daraus folgt, daß wir uns an unseresgleichen weniger durch das Miterleben ihrer Freuden als durch das Mitfühlen ihrer Leiden anschließen, denn darin sehen wir besser die Gleichheit unserer Natur und die Bürgschaft für ihre Anhänglichkeit an uns. Unsere gemeinsamen Bedürfnisse verbinden uns durch gemeinsame Interessen, die gemeinsamen Leiden aber einigen uns in der Liebe. Der Anblick eines glücklichen Menschen flößt eher Neid

[*] Aus: *Émile, ou de l'éducation* (Emile oder Über die Erziehung) 1762

als Liebe ein; man klagt ihn gern an, daß er sich ein Recht anmaße, das er nicht habe, indem er sich ein Glück verschafft, das ihn über die andern hinaushebt. Auch kann unsere Eigenliebe es nicht ertragen, daß er unser nicht bedarf. Aber wer beklagt nicht einen Leidenden? Wer möchte ihn nicht gern von seinem Übel befreien, wenn es ihm nur einen Wunsch kostete? Wir können uns viel eher einen Elenden als einen Glücklichen vorstellen; wir fühlen, daß das eine uns viel mehr angeht als das andere. Das Mitleid ist süß, denn wir setzen uns zwar an die Stelle des Leidenden, empfinden aber zugleich die Freude, nicht zu leiden wie er. Der Neid aber ist bitter, denn der Neidische versetzt sich durchaus nicht in die Lage des Glücklichen, sondern bedauert nur, daß er es nicht ist. Es scheint so, als ob der eine uns befreie vom Leiden, das er trägt, und der andere uns der Güter beraubt, die er besitzt.

Wollt ihr also im Herzen eines jungen Mannes die ersten Regungen eines erwachenden Gefühls wecken und nähren? Wollt ihr seinen Charakter zur Wohltätigkeit und Güte bilden? Dann laßt weder Stolz, Eitelkeit noch Neid durch das trügerische Bild menschlichen Glückes in ihm entstehen, dann führt ihm nicht sogleich den Prunk der Höfe, die Pracht der Paläste und den Reiz der Schauspiele vor Augen, führt ihn nicht in die großen Zirkel und glänzenden Versammlungen. Zeigt ihm nicht die Außenseite der großen Gesellschaft, bevor ihr ihn befähigt habt, selbst ihren Wert zu würdigen. Ihm die Welt zu zeigen, bevor er die Menschen kennt, das heißt nicht, ihn formen, sondern ihn verderben, das heißt nicht, ihn belehren, sondern ihn täuschen.

Von Natur aus sind die Menschen weder Könige noch

Große noch Hofleute noch reich. Sie werden alle nackt und arm geboren, sind alle dem Elend des Lebens, den Bekümmernissen, Übeln, Bedürfnissen und Schmerzen aller Art unterworfen, endlich auch alle verurteilt zu sterben. Das ist der wahre Zustand des Menschen, und kein Sterblicher ist davon ausgenommen. Beginnt also damit, die menschliche Natur zu studieren und das, was am unzertrennlichsten mit ihr verbunden ist und das wahrhaft Menschliche ausmacht.

Mit sechzehn Jahren weiß ein Jüngling, was leiden heißt, denn er hat schon selbst gelitten; aber kaum weiß er etwas von den Leiden anderer Wesen. Denn Leiden sehen, ohne sie zu fühlen, heißt nicht, sie kennen; und da ein Kind, wie ich schon hundertmal sagte, sich nicht vorstellen kann, was andere fühlen, kennt es auch nur die eigenen Leiden. Wenn aber die erste Entwicklung der Sinne in ihm das Feuer der Phantasie entzündet, dann beginnt es, mit seinesgleichen zu fühlen; ihre Klagen bewegen es und es leidet ihre Schmerzen mit. Dann ruft auch das trübe Bild der leidenden Menschheit die erste Rührung in ihm hervor, die es überhaupt erlebt.

Wem ist es nun zuzuschreiben, wenn ihr diesen Augenblick nicht leicht bei euren Kindern bemerkt? Ihr lehrt sie so früh mit dem Gefühl spielen und schon so früh die Sprache des Gefühls sprechen, daß sie immer die gleichen Redensarten benutzen und eure Lehren gegen euch selbst kehren. Sie lassen euch nämlich kein Mittel zu erkennen, wann sie aufhören zu lügen und das, was sie sagen, auch wirklich empfinden. Und nun seht auf meinen Emile! Bis zu dem Alter, in das ich ihn nun geführt habe, hat er weder etwas gefühlt noch gelogen. Bevor er wußte, was lieben heißt, hat er auch zu niemand gesagt: Ich liebe dich sehr! Man hat ihm nicht vorgeschrieben, wie er sich beim Eintreten ins Zimmer seines Vaters oder seiner Mutter oder seines kranken Hofmeisters benehmen soll; man hat ihm nicht gezeigt, wie man Traurigkeit zur Schau trägt, die man gar nicht empfindet. Er hat nie vorgetäuscht, über den Tod irgend jemandes zu weinen, denn er weiß ja nicht, was Sterben bedeutet. Die gleiche Unempfindlichkeit, die er im Herzen hat, zeigt er auch in seinem Benehmen. Unempfindlich wie alle Kinder gegen alles, ausgenommen sich selbst, hat er an niemandem Interesse. Nur darin unterscheidet er sich von den andern, daß er nicht so scheinen will, als habe er es, und daß er nicht so falsch ist wie sie.

Da Emile wenig über empfindsame Wesen nachgedacht hat, wird er auch später erfahren, was leiden und sterben heißt. Klagen und Geschrei werden nun sein Inneres bewegen, der Anblick fließenden Blutes läßt ihn die Augen abwenden, die Zuckungen eines sterbenden Tieres versetzten ihn in ich weiß nicht welche Angst, noch ehe er weiß, woher diese neuen Bewegungen kommen. Wäre er stumpf und roh geblieben, empfände er sie gar nicht; wäre er unterrichteter, wüßte er die Quelle. Er hat schon zuviel Vorstellungen miteinander verglichen, um nichts zu empfinden, aber noch zu wenig, um zu begreifen, was er empfindet.

So entsteht das Mitleid, das erste Gefühl für andere, das nach der Ordnung der Natur das Menschenherz bewegt. Um mitfühlend und mitleidig zu werden, braucht ein Kind nur zu wissen, daß es andere gibt, die – ähnlich ihm selbst – das leiden können, was es selbst erlitten hat, oder noch anderes, von dem es sich auch vorstellen kann, daß sie daran leiden. In der Tat, wie sollten wir anders von Mitleid bewegt werden, als daß wir uns aus uns selbst herausversetzen und uns mit einem andern leidenden Lebewesen gleichsetzen, indem wir also sozusagen unser eigenes Wesen verlassen und das seinige annehmen? Wir leiden nur soviel, als es nach unserer Meinung leidet; nicht in uns, sondern in ihm leiden wir. So wird also niemand ein mitfühlender Mensch, bevor er nicht Phantasie genug besitzt, sich aus sich selbst heraus zu versetzen.

Was haben wir nun anderes zu tun, um dies erwachende Mitempfinden zu erwecken, zu nähren und in seinem natürlichen Hang zu leiten, als dem jungen Menschen die Gegenstände darzubieten, auf die die nach außen strebende Kraft seines Herzens einwirken kann, die das Herz erweitern, andern zuwenden und bewirken, daß er sich überall außer sich wiederfinde? Was haben wir weiter zu tun, als alles sorgfältig von ihm fernzuhalten, was das Herz verengt, auf sich selbst konzentriert und der Triebfeder des menschlichen Ich größere Spannkraft verleiht? Mit andern Worten, was können wir anderes tun, als in ihm die Güte und Menschlichkeit, das Erbarmen, die Wohltätigkeit und alle die anziehenden und sanften Neigungen erwecken, die dem Menschen von Natur aus so wohlgefallen; Neid, Habsucht, Haß und alle abstoßenden und grausamen Leidenschaften aber zu verhindern, die sozusagen das menschliche Gefühl nicht nur auf den Nullpunkt herabsetzen, sondern es zu einer negativen Größe machen und denjenigen quälen, der darunter leidet?

Ich glaube, ich kann alle vorhergehenden Erwägungen in zwei oder drei bestimmte, klare und leicht verständliche Grundregeln zusammenfassen.

Erste Grundregel:

Es liegt nicht im Menschen, sich in die Lage derer zu versetzen, die glücklicher sind, sondern allein in die Lage derer, die mehr zu beklagen sind als er.

Von dieser Regel trifft man häufiger scheinbare als wirkliche Ausnahmen an. So versetzt man sich nicht in die Lage eines Reichen oder Großen, dem man anhängt. Selbst wenn die Anhänglichkeit aufrichtig ist, eignet man sich doch nur einen Teil seines Wohlstandes an. Manchmal liebt man ihn auch im Unglück, aber auch im Glück hat er nur den als wahren Freund, der sich durch den Schein nicht täuschen läßt und ihn im Grunde mehr beklagt als beneidet.

Man ist gerührt vom Glück gewisser Stände, z. B. dem des Landmanns oder des Hirten. Der Reiz, diese glücklichen Leute zu sehen, ist nicht vom Neid vergiftet, man nimmt neidlos daran Anteil. Warum das? Weil man sich in der Lage fühlt, auf diesen Zustand des Friedens und der Unschuld hinabzusteigen und sich des gleichen Glücks zu erfreuen. Aber das ist dann ein Ausweg für den schlimmsten Fall, der nur angenehme Ideen in uns wachruft, da wir diesen Genuß ja schließlich haben könnten, wenn wir nur wollten. Es ist nämlich immer ein Vergnügen, noch Hilfsquellen zu haben und als sein Eigen zu betrachten, selbst wenn man keinen Gebrauch davon machen will.

Daraus folgt, daß man einen jungen Menschen, wenn

man ihn zur wahren Menschlichkeit erziehen will, keineswegs das glänzende Los anderer bewundern lassen soll, sondern daß man ihm die trüben Seiten zeigt und er sie fürchten lernt. Dann muß er sich mit klarer Konsequenz einen Weg zum Glück bahnen, den niemand vor ihm betrat.

Zweite Grundregel:

Man bedauert andere stets nur wegen solcher Übel, vor denen man selbst nicht sicher zu sein glaubt.

Non ignara mali, miseris succurrere disco. (Nicht unkundig des Leids, lernte ich Elenden beistehn.) (Vergil, Aeneid. I. 630.)

Ich kenne nichts, was so schön, so tief gedacht, so ergreifend und so wahr ist wie dieser Vers.

Warum sind die Könige ohne Mitleid gegen ihre Untertanen? Weil sie damit rechnen, niemals gewöhnliche Menschen zu werden. Warum sind die Reichen so hart gegen die Armen? Weil sie niemals fürchten, es zu werden. Warum verachtet der Adel das Volk so sehr? Weil ein Adeliger niemals bürgerlich wird. Warum sind die Türken im allgemeinen menschlicher und gastfreundlicher als wir? Weil bei ihrer ganz willkürlichen Regierung das Glück und die Größe des Einzelnen stets unsicher und schwankend sind. Sie sehen infolgedessen Erniedrigung und Elend nicht als etwas ihnen Fremdes an*, jeder kann morgen das sein, was heute derjenige ist, dem er Hilfe leistet. Diese Art Betrachtung findet sich häufig in morgenländischen Romanen und gibt ihnen etwas Rührendes, das die trockene Moral der unsrigen nicht hat.

---

* Das scheint sich jetzt etwas zu ändern. Die Zustände festigen sich, und die Menschen werden darum auch härter.

Gewöhnt also euren Zögling nie daran, von der Höhe seines Glückes auf die Leiden der Unglücklichen und die Mühen der Elenden herabzuschauen, und hofft nicht, ihm Bedauern einzuflößen, wenn er sie als Fremde ansieht. Lehrt ihn einsehen, daß das Schicksal dieser Unglücklichen auch das seinige werden kann, daß alle ihre Leiden auch ihm auf den Fersen sind und daß tausend unvermutete und unvermeidliche Ereignisse ihn von einem Augenblick zum andern in die gleiche Lage bringen können. Lehrt ihn, sich weder auf Geburt noch Gesundheit noch Reichtum zu verlassen, sondern zeigt ihm alle Wechselfälle des Glücks und führt ihm die immer so zahlreichen Beispiele von Leuten vor Augen, die hoch über ihm standen und noch unter diese Unglücklichen herabsanken. Dabei steht nicht in Frage, ob es ihre Schuld war oder nicht. Weiß er überhaupt schon, was Schuld ist? Greift nie in seine erworbenen Kenntnisse ein und klärt ihn nur über Dinge auf, die er versteht. Er braucht nicht gerade sehr gelehrt zu sein, um zu verstehen, daß alle menschliche Klugheit ihm nicht beantworten kann, ob er in einer Stunde lebendig oder tot ist, ob er nicht noch vor Abend vor Schmerzen, die ihm ein Nierenstein verursacht, mit den Zähnen knirscht, ob er nach einem Monat reich oder arm ist oder ob er nicht nach Jahresfrist unter Peitschenhieben auf den Galeeren Algeriens rudert. Vor allem aber tragt ihm das nicht in einem kalten Ton vor wie den Katechismus. Er möge die menschlichen Trübsale sehen und fühlen: darum erschüttert und erschreckt seine Einbildungskraft mit den Gefahren, die den Menschen ständig umgeben, damit er alle Abgründe um sich herum sehe und sich aus Furcht hineinzufallen, dicht an euch schmiege, wenn ihr sie ihm beschreibt. Ihr antwortet mir: Wir machen ihn aber furchtsam und verzagt. Das wird sich später zeigen, aber jetzt ist das Wichtigste, daß wir ihn zur Menschlichkeit erziehen.

Dritte Grundregel:

Das Mitleid, das man mit andern empfindet, bemißt sich nicht nach der Größe ihres Leidens, sondern nach dem Grade des Empfindens, den man ihnen zumißt.

Man beklagt einen Unglücklichen nur insoweit, als man glaubt, daß er sich selbst für beklagenswert hält. Die rein körperliche Empfindung unserer Leiden ist an sich begrenzt, aber unser Gedächtnis läßt sie uns als dauernd empfinden, und unsere Phantasie dehnt sie auch auf die Zukunft aus, und das macht uns wahrhaft beklagenswert. Das ist, wie ich meine, auch einer der Gründe, die uns gegen die Leiden der Tiere unempfindlicher machen als gegen die der Menschen, obgleich die übereinstimmende Empfindungsweise uns beide sollte in gleicher Weise fühlen lassen. Man beklagt kaum einen Karrengaul im Stall, weil man nicht vermutet, daß er, wenn er sein Heu frißt, an die Schläge denkt, die er bekam, oder an die Mühen, die ihm bevorstehen. Ebensowenig beklagt man ein Schaf auf der Weide, obgleich man weiß, daß es bald geschlachtet wird, weil man glaubt, daß es sein Schicksal nicht voraussieht. Diese Art zu urteilen dehnt man dann auch auf die Menschen aus. Die Reichen beruhigen sich über die Übel, die sie den Armen zufügen, weil sie diese für zu stumpf halten, sie zu empfinden. Ich beurteile im allgemeinen den Wert, den jemand dem Wohlbefinden seines Mitmenschen beilegt, nach dem Maße der Achtung, die er für ihn zu haben scheint. So ist es natürlich, daß man auf das Glück derer, die man verachtet, wenig Wert legt. Erstaunt also nicht, wenn die Politiker mit soviel Geringschätzigkeit vom Volk reden, und wenn die meisten Philosophen die Menschen so gern als böse darstellen.

Das Volk in seiner breiten Masse macht das menschliche Geschlecht aus. Die Zahl derer, die nicht zum Volk in diesem Sinne gehören, ist so gering, daß es sich nicht lohnt, sie zu zählen. Der Mensch ist in allen Ständen gleich; und wenn dem so ist, dann verdienen diejenigen Stände, denen die meisten Menschen angehören, auch die größte Achtung. In den Augen eines denkenden Menschen verschwinden alle bürgerlichen Unterschiede: er sieht die gleichen Neigungen und Gefühle beim niedrigsten Knecht und beim vornehmsten Mann, er unterscheidet nur ihre Sprache und die mehr oder weniger gewählte Ausdrucksweise. Zeigt sich sonst eine wesentliche Verschiedenheit, so fällt sie zum Nachteil dessen aus, der sich am meisten verstellt. Das Volk zeigt sich nämlich, wie es ist, und gibt sich nicht liebenswürdig; aber die Leute von Welt müssen sich stets verstellen. Gäben sie sich, wie sie sind, wären sie abscheulich.

Es gibt, so sagen unsere Weisen, das gleiche Maß von Glück und Leid in allen Ständen, aber das ist eine ebenso unheilvolle wie unhaltbare Behauptung. Denn was soll ich mich noch um irgend jemanden bemühen, wenn alle gleich glücklich sind? Dann möge es jedem weiter so gehen, wie es ihm bisher geht: der Sklave werde mißhandelt, der Schwache möge leiden und der Arme zugrunde gehen, denn es gibt nichts zu gewinnen für sie, wenn sich ihr Zustand ändert. Man zählt die Mühseligkeiten eines

Reichen auf und weist auf seine leeren und eitlen Vergnügungen hin. Welch grobe Sophismen! Seine Mühseligkeiten gehen ja nicht notwendig aus einem Reichtum hervor, sondern er verursacht sie selbst durch dessen Mißbrauch. Und wäre er unglücklicher als selbst der Arme, er wäre dennoch nicht zu beklagen, weil seine Leiden sein eigenes Werk sind, und weil es nur an ihm selbst liegt, glücklich zu sein oder nicht. Die Leiden des Armen aber entspringen aus den Umständen und der Härte des Geschicks, das schwer auf ihm lastet. Keine Gewöhnung vermag das körperliche Gefühl der Müdigkeit, der Erschöpfung und des Hungers von ihm zu nehmen; weder gute Geistesgaben noch Weisheit können ihn von den Übeln seines Standes befreien. Was gewinnt Epiktet damit, daß er voraussieht, sein Herr werde ihm noch das Bein zerschlagen? Wird er es ihm wegen der Voraussicht nicht zerschlagen? Nein, er hat nur ein Leiden mehr: die Voraussicht. Wäre das Volk ebenso klug, wie wir es für beschränkt halten, wie könnte es anders sein und anders handeln? Beobachtet nur Leute dieser Art; sie haben ebensoviel Geist und Verstand wie ihr, nur sprechen sie eine andere Sprache. Haltet darum euer Geschlecht in Ehren; bedenkt, daß es wesentlich aus der Masse des Volkes zusammengesetzt ist und daß es kaum in Erscheinung träte und die Dinge nicht schlechter liefen, wenn man alle Könige und Philosophen hinwegnähme. Mit einem Wort: lehrt euren Zögling, alle Menschen zu lieben, selbst diejenigen, die die andern geringschätzen; sorgt dafür, daß er sich keiner Klasse zurechne, sondern sich in allen wiederfinde. Sprecht in seinem Beisein mit Rührung, selbst mit Mitleid von den Menschen, niemals aber mit Verachtung. Mensch, entehre den Menschen nicht!

Auf diesen und ähnlichen Wegen, die den herkömmlichen ganz entgegengesetzt sind, muß man im Herzen eines jungen Mannes die ersten natürlichen Regungen erwecken, entwickeln und erweitern, daß es auch für seine Mitmenschen schlage. Ich füge noch hinzu, daß es sehr wichtig ist, diesen Regungen so wenig wie möglich persönliche Interessen beizumischen, vor allem keine Eitelkeit, keinen Wetteifer und keine Ruhmsucht, keines von den Gefühlen, die uns zwingen, uns mit andern zu vergleichen; denn solch ein Vergleich bleibt niemals ohne eine Spur von Haß gegen diejenigen, die uns den Vorrang streitig machen, wenn auch nur nach unserer Auffassung. Dann wird man blind gegen sich selbst oder aufgeregt, man ist entweder böse oder dumm. Suchen wir diese Alternative zu vermeiden. Man sagt mir: Solch gefährliche Leidenschaften entstehen früher oder später auch gegen unsern Willen. Das leugne ich nicht; jede Sache hat ihre Zeit und ihren Ort, aber ich behaupte nur, man dürfe ihr Entstehen nicht befördern.

Das ist der Geist der Methode, nach der zu verfahren man sich vornehmen sollte. Beispiele und Einzelheiten anzuführen, ist unnütz, denn hier beginnt die unendliche Verschiedenheit der Charaktere, und jedes Beispiel, das ich gäbe, paßte vielleicht nicht für einen unter Hunderttausenden. In diesem Alter beginnt daher auch für den geeigneten Lehrer die eigentliche Tätigkeit des Beobachters und Philosophen, der es versteht, die Herzen zu ergründen, während er an ihrer Bildung arbeitet. Solange der junge Mann noch nicht daran denkt und es noch nicht gelernt hat, sich zu verstellen, sieht man bei allem, was man ihm darbietet, aus seinem ganzen Wesen, seinen Augen und Gesten den Eindruck, den es auf ihn macht. Man liest auf seinem Gesicht jede Regung seiner Seele; und wenn man ihn scharf beobachtet, vermag man sie allmählich vorauszusehen und schließlich auch zu leiten.

Im allgemeinen bemerkt man, daß Blut, Wunden, Schreien und Seufzen, Vorbereitungen zu schmerzhaften Operationen und alles, was in uns Vorstellungen körperlichen Leidens erweckt, am ersten und ganz allgemein alle Menschen ergreift. Die Vorstellung der Vernichtung macht keinen starken Eindruck auf uns, da sie komplizierter ist; das Bild des Todes rührt uns viel später und schwächer, da ja niemand bereits erfahren hat, was sterben heißt. Man muß Leichname gesehen haben, um die Todesangst Sterbender nachzuempfinden. Hat sich dieses Bild aber einmal deutlich in unserm Geist festgesetzt, dann gibt es auch für uns kein schrecklicheres Schauspiel. Das mag daher kommen, daß uns das Sterben das Bild der totalen Vernichtung vor Augen führt; es kann aber auch sein, daß wir lebhaft berührt werden von einer Situation, der wir nicht entgehen können und von der wir sicher wissen, daß sie allen Menschen unausweichlich bevorsteht.

Diese verschiedenen Eindrücke hängen zwar in ihren Spielarten und Graden vom Charakter und den früheren Gewohnheiten jedes einzelnen ab, aber sie sind allgemein, und niemand ist ganz frei davon. Es gibt aber auch weniger heftige und weniger allgemeine Eindrücke, die vor allem auf reizbare Gemüter wirken. Sie rühren von moralischen Leiden her; von innerem Schmerz, von Herzeleid, Gram und Traurigkeit. Es gibt Menschen, die nur durch Schreien und Weinen beeindruckt werden können. Lange anhaltendes und dumpfes Stöhnen eines von Kummer gequälten Herzens könnte ihnen niemals einen Seufzer entlocken, der Anblick einer niedergebeugten Haltung, eines verfallenen, bleichen Gesichtes und eines erloschenen Auges, das selbst keine Träne mehr vergießen kann, brächte sie nicht zum Weinen. Seelenleiden gelten ihnen für nichts, sie haben ihr Urteil darüber gesprochen, und ihre Seele ist ohne Gefühl. Man erwarte von ihnen nur unbeugsame Strenge, Härte und Grausamkeit. Sie können vielleicht unbescholten und gerecht sein, niemals aber milde, großmütig und mitleidig. Ich sage, sie können gerecht sein, wenn anders ein Mensch, der kein Erbarmen kennt, überhaupt gerecht sein kann.

Übereilt auch indessen nicht, junge Leute nach diesem Maßstab zu beurteilen, besonders solche nicht, die richtig erzogen sind und infolgedessen mangels jeglicher Erfahrung keinen Begriff von moralischen Leiden haben. Denn ich wiederhole noch einmal: sie können nur diejenigen Übel bedauern, die sie kennen. Ihre scheinbare, nur von Unwissenheit herrührende Gefühllosigkeit wandelt sich bald in Rührung, wenn sie erkennen, daß es im menschlichen Leben tausend Schmerzen gibt, die sie noch nicht kennen. Wenn Emile als Kind Einfalt und gesunden Verstand besaß, so bin ich sicher, daß er in der Jugend Seele und Gemüt hat; denn die Echtheit des Gefühls hängt sehr von richtigen Begriffen ab.

Aber warum erinnere ich hier daran? Mehr als ein Leser wird mir ohne Zweifel vorhalten, daß ich meine ursprünglichen Absichten und das beständige Glück, das ich meinem Zögling verhieß, aus den Augen verlor. Unglückliche, Sterbende, Anblick von Schmerz und Elend! Welch ein Glück und welche Freude für ein junges, zum Leben erwachendes Herz! Sein trübsinniger Erzieher, der ihm doch eine so angenehme Erziehung angedeihen lassen wollte, läßt ihn nun zum Leiden aufwachen! Aber was kümmert mich das? Ich habe versprochen, ihn wirklich glücklich zu machen, nicht aber, dafür zu sorgen, daß er glücklich scheine. Ist es nun meine Schuld, daß ihr euch immer täuschen laßt und den Schein für Wirklichkeit haltet?

Eine gewisse Weichmütigkeit[*]

Von Immanuel Kant

In moralischen Eigenschaften ist wahre Tugend allein erhaben. Es giebt gleichwohl gute sittliche Qualitäten, die liebenswürdig und schön sind und, in so fern sie mit der Tugend harmoniren, auch als edel angesehen werden, ob sie gleich eigentlich nicht zur tugendhaften Gesinnung gezählt werden können. Das Urtheil hierüber ist fein und verwickelt. Man kann gewiß die Gemüthsverfassung nicht tugendhaft nennen, die ein Quell solcher Handlungen ist, auf welche zwar auch die Tugend hinauslaufen würde, allein aus einem Grunde, der nur zufälliger Weise damit übereinstimmt, seiner Natur nach aber den allgemeinen Regeln der Tugend auch öfters widerstreiten kann. Eine gewisse Weichmüthigkeit, die leichtlich in ein warmes Gefühl des Mitleidens gesetzt wird, ist schön und liebenswürdig; denn es zeigt eine gütige Theilnehmung an dem Schicksale anderer Menschen an, worauf Grundsätze der Tugend gleichfalls hinausführen. Allein diese gutartige Leidenschaft ist gleichwohl schwach und jederzeit blind. Denn setzet, diese Empfindung bewege euch, mit eurem Aufwande einem Nothleidenden aufzuhelfen, allein ihr seid einem andern schuldig und setzt euch dadurch außer Stand, die strenge Pflicht der Gerechtigkeit zu erfüllen, so kann offenbar die Handlung aus keinem tugendhaften Vorsatze entspringen, denn ein

[*] Aus: *Beobachtungen über das Gefühl des Schönen und Erhabenen* (1764)

solcher könnte euch unmöglich anreizen eine höhere Verbindlichkeit dieser blinden Bezauberung aufzuopfern. Wenn dagegen die allgemeine Wohlgewogenheit gegen das menschliche Geschlecht in euch zum Grundsatze geworden ist, welchem ihr jederzeit eure Handlungen unterordnet, alsdann bleibt die Liebe gegen den Nothleidenden noch, allein sie ist jetzt aus einem höhern Standpunkte in das wahre Verhältniß gegen eure gesammte Pflicht versetzt worden. Die allgemeine Wohlgewogenheit ist ein Grund der Theilnehmung an seinem Übel, aber auch zugleich der Gerechtigkeit, nach deren Vorschrift ihr jetzt diese Handlung unterlassen müsset. So bald nun dieses Gefühl zu seiner gehörigen Allgemeinheit gestiegen ist, so ist es erhaben, aber auch kälter. Denn es ist nicht möglich, daß unser Busen für jedes Menschen Antheil von Zärtlichkeit auffschwelle und bei jeder fremden Noth in Wehmuth schwimme, sonst würde der Tugendhafte, unaufhörlich in mitleidigen Thränen wie Heraklit schmelzend, bei aller dieser Gutherzigkeit gleichwohl nichts weiter als ein weichmüthiger Müßiggänger werden.*

* Bei näherer Erwägung findet man, daß, so liebenswürdig auch die mitleidige Eigenschaft sein mag, sie doch die Würde der Tugend nicht an sich habe. Ein leidendes Kind, ein unglückliches und artiges Frauenzimmer wird unser Herz mit dieser Wehmuth anfüllen, indem wir zu gleicher Zeit die Nachricht von einer großen Schlacht mit Kaltsinn vernehmen, in welcher, wie leicht zu erachten, ein ansehnlicher Theil des menschlichen Geschlechts unter grausamen Übeln unverschuldet erliegen muß. Mancher Prinz, der sein Gesicht von Wehmuth für eine einzige unglückliche Person wegwandte, gab gleichwohl aus einem ofters eitlen Bewegungsgrunde zu gleicher Zeit den Befehl zum Kriege. Es ist hier gar keine Proportion in der Wirkung, wie kann man denn sagen, daß die allgemeine Menschenliebe die Ursache sei?

Die reine Wirkung der Selbstliebe*

Von Claude Adrien Helvétius

Versteht man unter dem Wort »moralischer Sinn« jenes Gefühl des Mitleids, das man beim Anblick eines Unglücklichen empfindet? Wenn man aber bei dem Leiden eines Menschen Mitleid empfinden soll, muß man erst einmal wissen, daß er leidet, und dazu muß man selbst schon einmal Schmerz empfunden haben. Selbst die bloße Versicherung des Mitleids setzt diese Erfahrung voraus. Welchen Leiden gegenüber ist man übrigens am empfindlichsten? Denjenigen, die man selbst mit der größten Unlust ertragen hat und deren Erinnerung unserem Gedächtnis folglich am ehesten gegenwärtig ist. Das Mitleid ist also in uns durchaus kein eingeborenes Gefühl.

Was empfinde ich in der Gegenwart eines Unglücklichen? Eine starke Gefühlsregung. Durch was kommt sie zustande? Durch die Erinnerung an die Schmerzen, denen der Mensch preisgegeben ist und denen ich selbst ausgesetzt bin. Diese Vorstellung beunruhigt und bedrückt mich; solange jener Unglückliche bei mir ist, bin ich traurig gestimmt. Wenn ich ihm dann geholfen habe und ihn nicht mehr sehe, kehrt unmerklich die Ruhe wieder in meine Seele ein, denn die Erinnerung an die Leiden, die seine Gegenwart in mir wachruft, wird in dem Maße ausgelöscht, in dem er sich entfernt. Während ich von ihm gerührt wurde, war ich es also doch selbst, von

* Aus: *De l'homme* (Vom Menschen) 1772. V 3

dem ich in Wirklichkeit gerührt wurde. Mit welchen Leiden empfinde ich auch am meisten Mitleid? Wie schon gesagt, nicht nur mit jenen, die ich schon empfunden habe, sondern auch mit solchen, die ich noch empfinden werde. Diese meinem Gedächtnis gegenwärtigen Übel machen mich am meisten betroffen. Meine Rührung über die Schmerzen eines Unglücklichen steht immer im Verhältnis zu meiner Furcht, einmal von denselben Schmerzen heimgesucht zu werden. Wenn es möglich wäre, würde ich sie in ihm gern mit ihrem Keim vernichten; denn damit würde ich mich gleichzeitig von der Furcht befreien, dieselben Schmerzen zu empfinden. Die Liebe zu den Anderen wird im Menschen niemals etwas anderes sein als eine Auswirkung der Liebe zu sich selbst und damit der physischen Empfindungsfähigkeit. Vergeblich wiederholt Rousseau unaufhörlich, »daß alle Menschen gut sind und alle ersten Regungen der Natur richtig«. Die Notwendigkeit ist der Beweis des Gegenteils. Was setzt diese Notwendigkeit voraus? Daß der Mensch durch die verschiedenen Interessen gut oder böse wird und daß es nur ein einziges Mittel gibt, um tugendhafte Bürger heranzubilden, nämlich das private mit dem öffentlichen Interesse zu verbinden. […]

Dafür, daß die Humanität eines Menschen nur die Wirkung der Erinnerung an die Leiden ist, die er entweder aus eigener Erfahrung oder durch andere kennt, ist die Tatsache der Beweis, daß es das wirksamste Mittel ist, ihn human und teilnehmend zu machen, ihn von seiner frühesten Jugend an daran zu gewöhnen, sich mit den Unglücklichen zu identifizieren, sich selbst in ihnen zu sehen. Manche haben deshalb das Mitleid wie eine

Schwäche behandelt. Aber welchen Namen man ihr auch geben mag, in meinen Augen wird diese Schwäche immer die erste Tugend sein, weil sie stets am meisten zum Glück der Menschheit beiträgt.

Ich habe bewiesen, daß das Mitleid weder ein *moralischer Sinn* noch ein *eingeborenes Gefühl* ist, sondern vielmehr eine reine Wirkung der Selbstliebe. Was folgt nun daraus? Daß uns diese jeweils abgewandelte Liebe menschlich oder hart macht, je nach der Erziehung, die wir empfangen, nach dem gesellschaftlichen Stand und den Lebensbedingungen, in die uns der Zufall versetzt; daß die Menschen durchaus nicht teilnehmend geboren werden, daß aber alle es werden können und es auch werden, wenn nur die Gesetze, die Regierungsform und die Erziehung dafür sorgen.

O Ihr, denen der Himmel die gesetzgebende Gewalt anvertraut hat! Möchten doch Eure Regierung sanft und Eure Gesetze klug sein; dann werdet Ihr humane, tapfere und tugendhafte Menschen zu Untertanen haben. Wenn Ihr aber jene Gesetze oder jene Verwaltung zum schlechten verändert, dann werden diese tugendhaften Bürger ohne Nachfolger sterben, und Ihr werdet nur noch bösartige Leute um Euch haben, weil Eure Gesetze sie dazu gemacht haben werden. Der Mensch, der dem Bösen von Natur aus gleichgültig gegenübersteht, wird sich ihm nicht ohne Motiv zuwenden. Der glückliche Mensch ist human, er ist ein gesättigter Löwe.

Wehe dem Fürsten, der auf die ursprüngliche Güte der Charaktere vertraut! Auch Rousseau nimmt sie an, während die Erfahrung dem widerspricht. Wer sie zu Rate zieht, erfährt, daß das Kind Fliegen ertränkt, seinen

Hund schlägt, seinen Spatzen erstickt, daß das Kind also alle Laster des Erwachsenen hat, denn es wird ohne Menschlichkeit geboren.

Der mächtige Herr ist oft ungerecht, das stämmige Kind ist es ebenso. Es eignet sich ganz nach dem Beispiel des Mächtigen gewaltsam das Bonbon oder das Schmuckstück seines Spielgefährten an, sowie es durch die Gegenwart des Lehrers nicht mehr davon abgehalten wird. Für eine Puppe oder ein Spielzeug tut es genau das, was der Erwachsene für einen Titel oder ein Zepter tut. Das übereinstimmende Verhalten in den beiden Lebensaltern ließ de la Mothe sagen:

»Denn das Kind ist schon ein Mann,
und der Mann ist noch ein Kind.«

Ohne jeden Grund vertritt man die ursprüngliche Güte der Charaktere. Ich möchte zugleich hinzufügen, daß Güte und Menschlichkeit gar nicht das Werk der Natur sein können, sondern einzig das der Erziehung.

Eine Modifikation der allgemeinen Liebe zu unserem Wohlsein*

Von Ubaldo Cassina

Von dem Mitleiden in Absicht würklicher Uebel überhaupt. Unter dem Wort Mitleiden versteht man diejenige schmerzhafte Empfindung, welche wir bei den Leiden andrer empfinden. Wenn ihr z. B. in einem Fieberparoxismus liegt; so wird keiner, um die würkliche Art eurer Existenz auszudrücken, sagen, daß ihr ein Mitleiden empfändet; sondern daß ihr euch in einer schmerzhaften und unglücklichen Lage befindet. Wenn ihr im Gegentheil gleichsam aus euch selbst herausgeht, um an den Unglücksfällen und Widerwärtigkeiten eurer Nebenmenschen Antheil zu nehmen, alsdenn entsteht eigentlich das Mitleiden (a). Es gehört also zu denjenigen Gemüthsbewegungen, welche die Gesellschaft in unsern Herzen hat aufkeimen lassen (b). Vergebens würde man es daher vielleicht in der Seele jenes unter den Bären (c) aufgewachsenen Knaben, davon Conor (d) redet, oder des jungen in den hannoverischen Wäldern gefundenen Menschen, oder auch des in den Holzungen von Frankreich entdeckten Mädchens gesucht haben – und vielleicht würde man es eben so vergebens in der Brust eines jeden andern von dem Umgange mit Menschen ganz abgesonderten Wilden ausfindig zu machen suchen (e).

---

* Aus: *Saggio analitico sulla compassione* (Analytischer Versuch über das Mitleiden) 1772, ²1780, deutsch 1790

Diejenigen Uebel, wobei unser Mitleiden gereizt wird, sind entweder würkliche, oder nachgeahmte Uebel. Von den erstern rede ich in diesem Capitel. Man setze die schmerzhafte Lage irgend eines seiner Nebenmenschen voraus, welche man will, und folge mir dann in der Zergliederung, die ich hierüber anstellen will, nach. Sie wird an sich selbst auf eine jede andre Art würklicher Uebel anwendbar seyn. Eine besondere und genaue Anwendung wollen wir im Folgenden machen.

Ich bemerke zuförderst nur dies, daß derjenige Mensch nicht das geringste Mitleiden empfinden kann, welcher selbst noch nie einen Schmerz erlitten hat. Denkt euch einen Menschen, den die Bedürfnisse nie gedrückt haben, der nie Schmerzen und Elend unterworfen gewesen ist; nehmet ihm die Begriffe und die Erfahrung von jenen traurigen Eindrücken, worunter die Menschheit leidet, – und er wird sie sich nicht als Uebel vorstellen können, weil er nicht weiß, was sie bei andern für Wirkungen hervorbringen.

Ferner wissen wir, daß die menschliche Seele von den unangenehmen Modificationen ihres Zustandes, deren sie sich als schon einmahl gehabter Empfindungen, als Zustände, worin sie schon einmal existirte, wieder erinnert, eine bald mehr bald weniger lebhafte und deutliche Vorstellung behält. Wäre dies nicht; so würde uns jede Empfindung ganz neu, jeder Schmerz der erste zu seyn scheinen, und wir würden, so zu sagen, in jedem schmerzhaften Augenblick eine neue Existenz haben. Nun wissen wir aber vermöge jener Zurückerinnerung, daß, wenn wir leiden, dieser Zustand schon einmahl vorhanden gewesen ist, und eben diese Vorstellung bekommen wir, wenn wir einen unsrer Nebenmenschen in einer ähnlichen unglücklichen Lage erblicken. Diese Erscheinung, welche kein Mensch in Zweifel ziehen kann, hängt offenbar von der Association und Verbindung der Ideen ab. Wenn wir daher jemand leiden sehen, so pflegt in uns eine Verbindung derjenigen Empfindungen, die wir schon einmahl gehabt haben, und deren wir uns nun erinnern, und des Gefühls, welches der würkliche Schmerz eines andern in uns verursacht, zu entstehen.

Ich habe gesagt, daß bei dem Mitleiden eine Ideenverbindung zu erfolgen pflegt, und ich will meine Behauptung durch die Erfahrung bestätigen. Diese nemlich lehrt uns, daß diejenigen weniger mitleidig sind, welche eine geringere Anzahl von Schmerzen ausgestanden haben; daß hingegen die viel leichter gerührt werden, welche einer größern Anzahl von Leiden unterworfen waren. Man betrachte nur einmahl ein kleines Kind, welches wegen seines geringen Alters noch wenige unangenehme Augenblicke ausgestanden hat, sich auch die vielen unangenehmen Empfindungen, die es noch vor der Entwicklung seiner Vernunft in der Wiege erdulden mußte, nicht ins Gedächtniß zurückrufen kann. Dies Kind steht fest und ungerührt an dem Bette seines sterbenden Vaters oder Bruders, und stört, anstatt gerührt zu werden, mit seinen kindischen Thorheiten die umstehenden Personen. Es erbittert sich mit einer Art von Vergnügen gegen einen Sperling, gegen ein Hündchen, oder ein anderes Thierchen und läßt von seiner grausamen Belustigung nicht ohne Thränen, und nicht eher ab, bis es von dem Gesinde ausgescholten wird. Dahingegen ein sehr zartes, in Absicht seiner Nerven sehr reizbares Frauenzimmer, das überdem eine Menge mit der Schwäche ihres Geschlechts verbundene Schmerzen ausgestanden hat, bei dem kleinsten Uebel eines andern seufzt, und ihn mit genauer Vorsicht davor in Acht nimt; ja es geschiehet oft, daß es sich bei dem kleinsten Schmerz eines Thierchens so lächerlich und widrig bezeigt, daß es alle Reize verliehrt, womit es die Natur und Kunst begabt haben. Kurz, je mehr gewisse Menschen leiden mußten, desto mehr sehen wir sie in die Empfindungen des Mitleids ausbrechen, wenn sie einen Unglücklichen erblicken. Es scheint daher weiter keinem Zweifel unterworfen zu seyn, daß bei dem Mitleiden in uns nicht jene angegebene Verbindung der Empfindungen erfolgen sollte. – Eben deswegen sagte Theseus, König von Athen, indem er die Pflichten der Gastfreundschaft gegen einen fremden von schweren Leiden niedergedrückten Mann ausübte: daß er es deswegen thue, weil er selbst, fern von seinem Vaterlande und den Seinigen, den größten Widerwärtigkeiten unterworfen gewesen sey:

> – – – alieno in solo
> Multis periclis hoc ego objeci caput;
> Eoque nullus hospitem similem tui
> Neglexero servare.*

Aus eben dem Grunde konnte die weise Dido bei der mitleidigen Aufnahme des Aeneas mit Recht sagen:

> Non ignara mali miseris succurrere disco.
>
> *Aeneid.* I. v. 630.

---

* Sophocles in *Oedipode Coloneo* nach der Uebersetzung des Voßius: *Instit. Orat. Lib. 2. cap. 10.*

Indem wir nun uns der Schmerzen bewußt sind, welche wir bei dem Schmerz, den einer unsrer Nebenmenschen würklich leidet, empfanden; so werden wir vermittelst der Imagination in einen schmerzhaften Zustand versezt, – und zwar bald auf eine mehr bald weniger lebhafte Art; je nachdem nehmlich die Verbindung jener Empfindungen vermitelst verschiedener Bilder, welche uns die Einbildungskraft von einem selbst gelittenen Schmerz darstellt, mehr oder weniger lebhaft ist, mit welchem Schmerz wir dann sogleich den eines äußern Objects vergleichen. Dieser Zustand des Schmerzes, welchen ein jeder in sich wahrnimmt, wenn er zum Mitleiden gestimmt ist, ist eine Thatsache. Wir sind aber grade alsdann nicht im Stande, die wahre Ursach unseres Schmerzes zu kennen, weil unsere Aufmerksamkeit, während daß wir bei den Uebeln anderer Mitleiden empfinden, ganz mit diesen leztern beschäftigt ist, und sich wenig oder gar nicht auf uns selbst richtet. Daher kommt es denn, daß, indem wir unsern Schmerz, ohne es zu bemerken, auf den leidenden Gegenstand übertragen, jener damit identisch wird, und daß es uns alsdann so vorkommt, als ob wir gleichsam in dem äußern Gegenstande, und nicht in uns selbst litten. Ferner folgt daraus, daß wir nun grade als ob wir in dem leidenden Objekt existirten, unser ganzes Verlangen dahin richten, dem Leidenden zu helfen, ohne daß wir dabei auf uns selbst Rücksicht nehmen. Aber im Grunde ist jener Drang, ihm zu helfen, nichts anders, als ein Bemühen, uns selbst von der unangenehmen Lage zu befreien, worin wir uns befinden, indem wir nemlich von dem leidenden Object die Ursach zu entfernen suchen, welche jene unangenehme

Empfindung in uns hervorbringt. Hierin scheint mir also das Mitleiden zu bestehen, und wenn dieses Raisonnement Grund hat, ist es (f) alsdann nicht eine Modification von der allgemeinen Liebe zu unserm Wohlseyn, oder unsrer Selbstliebe?

a Wir pflegen bisweilen zu einem unserer Freunde von einer schwächlichen cörperlichen Beschaffenheit, welcher auf die heftigsten Anstrengungen seines Studirens, oder die Unruhe von hunderterlei Geschäften, die den ganzen Tag sein Gemüth einnehmen, keine Rücksicht nimmt, zu sagen: habt doch ein wenig Mitleiden mit euch selbst! Dieser Ausdruck ist ganz richtig; aber deswegen beweist er noch nicht, daß sich das Mitleiden auf uns und nicht auf andere beziehe, und dasselbe eher in die Classe unserer Privataffecten, als unsrer geselligen gesetzt werden müsse. In diesem Fall bedeutet der Ausdruck nichts anders, als: hütet euch vor einer Menge Schmerzen, die aus einer übermäßigen Anstrengung, wozu eure schwächliche Maschine nicht haltbar genug ist, entstehen können! Eben so unterscheiden wir während der schnellen Vergleichung zwischen dem angenehmen und schmerzhaften Zustande, den wir für unsern Freund befürchten, durch eine Art Abstraction das: ihr, welches das Leiden verursacht, von dem euch, welches leidet. Wir gebrauchen daher den Ausdruck: Mitleiden haben, verblümter Weise, und er bezieht sich, wie ich gesagt habe, auf eine schmerzhafte Empfindung, die ein Wesen anzeigt, welches von dem Schmerz eines andern von ihm verschiedenen Individuums gerührt wird. *Anmerk. des Verfassers.*

b Man nennt es daher auch mit Recht den Grund aller großmüthigen Tugenden, die keine andre Belohnung mit sich führen, als Menschen glücklich gemacht zu haben. *Anmerk. des Herausgeb.*

c Es wäre eine lächerliche Frage, wenn man untersuchen wollte: ob die Thiere, und vorzüglich die, welche in einem geselligen Zustande leben, auch des Mitleidens fähig wären? Bemerken wir nicht an den Thieren viele Eigenschaften, die offenbar anzeigen, daß sie einiger Vervollkomnerung fähig sind? Physisches Vergnügen und Schmerz sind nicht die einzigen Triebfedern der Handlungen der Thiere. Man bemerkt an ihnen eine Uebung des Gedächtnisses, (man versteht hierunter nicht bloß die Fähigkeit, sich ihrer Namen zu erinnern,) vermöge welches sie vergangene und gegenwärtige Empfindungen zu vergleichen geschickt sind, und es ist klar, daß aus solchen Vergleichungen eine Art Urtheilskraft entstehen muß. Wenn man aber dies auch nicht zugeben will; so muß man alles einer mechanischen Ideenverbindung zuschreiben, welches ebenfalls mit unserm Zweck übereintrift. Der Jagdhund, welcher das Wild nicht weiter verfolgt, weil er vom Jäger sich nicht von der Stelle zu bewegen, gelehrt worden ist; die verschiedenen Kunsthandlungen fleischfressender Thiere, die Geschicklichkeit des Elephanten; die Verschlagenheit der Aelstern; die Verträge, welche gleichsam gewisse Thiere zum Jagen vereinigen; die unzähligen Fälle, woraus man abnehmen kann, daß sie eine Sprache haben und sie verstehen; die Leichtigkeit, mit welcher so viele von ihnen vermittelst einer nachgeahmten Sprache von Menschen gewisse Geberden und Töne lernen, können einen scharfsinnigen Philosophen leicht dahin bringen, in den Thieren wenigstens dunkle Bewegungen des Mitleidens zu entdekken. *Anmerk. des Herausgeb.*

d Evang. Med. Pag. 133. in Büffons Naturhistorie. Band 5. Seite 151. *Anmerk. des Verfass.*

e Kann ein in der Wildniß lebender Mensch mit einem Thiere Mitleiden haben? – Wenn dies statt findet; so ists also nicht grade die Gesellschaft, welche diesen Affect in dem Menschen entwickelt. – Ich werde es nie leugnen, daß ein Wilder bei den Leiden eines Thieres fühllos bleiben könne, indem ich vollkommen überzeugt bin, daß selbst die Thiere ein sehr zärtliches Mitleiden mit einander haben können. Wenn aber ein Wilder niemahls gesehen hätte, daß irgend ein Thier äußere Zeichen des Schmerzes, die dem Wilden bekannt waren, von sich gab, würde denn je in seinem Herzen ein Mitleiden aufgewacht seyn? Nein, gewiß nicht! Wenn der Anblick eines leidenden Thiers den Wilden zum Mitleiden zu bringen im Stande ist, so kann dies für diesen selbst nach meiner Meinung nichts anders, als ein ohngefährer Zufall seyn. Eben deswegen habe ich gesagt, daß man vielleicht vergebens in dem Herzen eines Wilden das Mitleiden aufsuchen würde. – Uebrigens ists gewiß, daß die Gesellschaft durch so viele uns dargebotene Gelegenheiten viel dazu beyträgt, diesen geselligen Affect leichter zu entwickeln, und ihn zu vervollkommnen. *Anmerk. des Verfass.*

f Das Mitleiden ist demnach, wenn mans ganz genau zergliedert, nichts anders, als ein Bezug auf unsre Eigenliebe. Ich glaube daher, nicht zu irren, wenn ich sage, daß derjenige, welcher die Leiden andrer beklagt, sich entweder seiner eigenen erduldeten Uebel erinnert, oder sie fürchtet, oder sich freut, davon frey zu seyn. In beiden ersten Fällen ist das Mitleiden eine Folge unsrer Schwäche; im letzten ist die gemischte Empfindung mit der angenehmen Nebenidee verbunden, daß wir uns selbst in einem vollkommnen Zustand befinden.

Anmerk. des Herausg.

Das Fundament der geselligen Tugenden[*]

Von Denis Diderot

Ob die Karaiben gleich keine Art von Regierung hatten, so ward ihre Ruhe doch nie gestört. Der Friede, den sie genossen, entsprang aus dem angebornen Mitleiden, das vor allem Nachdenken vorhergeht und von welchem die gesellschaftlichen Tugenden abstammen. Dieses sanfte Mitleiden hat seine Quelle in der Bildung des Menschen, der nur sich selbst zu lieben braucht, um das Unglück seiner Nebenmenschen zu hassen. Um also die Despoten menschlich zu machen, müßten sie nur selbst die Henker der Schlachtopfer sein, die sie ihrem Stolze opfern, und die Vollbringer dieser Grausamkeiten, die sie gebieten. Mit ihren wollüstigen Händen müßten sie die Verschnittenen ihres Serails verstümmeln; sie müßten auf dem Schlachtfelde ihrer sterbenden Soldaten Blut aufsammeln, Verwünschungen anhören, Zuckungen und Todeskampf ansehen, in die Lazarette gehen, um die Wunden, die zerbrochenen Glieder, die *Krankheiten* mit *Muße* zu betrachten, die durch die *Hungersnot*, durch die gefährlichen und ungesunden *Arbeiten*, durch die Härte der *Frondienste* und *Auflagen*, durch die *Landplagen* veranlaßt worden sind, welche aus *den Fehlern ihrer Gemütsart* entspringen. Wieviel Verbrechen und Elend würden solche Schauspiele, wenn man sie bei der

[*] Aus: *Histore des deux Indes* (Geschichte beider Indien) [3]1780, deutsch 1782/88

Erziehung der Fürsten recht anbrächte, den Sterblichen ersparen! Wie viele Vorteile brächten die Tränen der Könige den Untertanen!

Die allein echte
moralische Triebfeder*

Von Arthur Schopenhauer

Kriterium der Handlungen von moralischem Werth.
Jetzt wäre zunächst die empirische Frage zu erledigen, ob
Handlungen freiwilliger Gerechtigkeit und uneigennüt-
ziger Menschenliebe, die als dann bis zum Edelmuth und
Großmuth gehn mag, in der Erfahrung vorkommen. Lei-
der läßt diese Frage sich doch nicht ganz rein empirisch
entscheiden; weil in der Erfahrung allemal nur die *That*
gegeben ist, die *Antriebe* aber nicht zu Tage liegen: daher
stets die Möglichkeit übrig bleibt, daß auf eine gerechte,
oder gute Handlung ein egoistisches Motiv Einfluß gehabt hätte. Ich will mich nicht des unerlaubten Kunst-
griffs bedienen, hier, in einer theoretischen Untersuchung, die Sache dem Leser ins Gewissen zu schieben.
Aber ich glaube, daß sehr Wenige seyn werden, die es
bezweifeln und nicht aus eigener Erfahrung die Ueber-
zeugung haben, daß man oft gerecht handelt, einzig und
allein damit dem Andern kein Unrecht geschehe, ja, daß
es Leute giebt, denen gleichsam der Grundsatz, dem Andern sein Recht widerfahren zu lassen, *angeboren* ist, die
daher Niemandem absichtlich zu nahe treten, die ihren
Vortheil nicht unbedingt suchen, sondern dabei auch die
Rechte Anderer berücksichtigen, die, bei gegenseitig
übernommenen Verpflichtungen, nicht bloß darüber

---

* Aus: *Über die Grundlage der Moral* (1841) III § 15 u. 16

123

wachen, daß der Andere das Seinige *leiste*, sondern auch darüber, daß er das Seinige *empfange*, indem sie aufrichtig nicht wollen, daß wer mit ihnen handelt, zu kurz komme. Dies sind die *wahrhaft ehrlichen Leute*, die wenigen *Aequi* [Gerechten] unter der Unzahl der *Iniqui* [Ungerechten]. Aber solche Leute giebt es. Imgleichen wird man mir, denke ich, zugestehn, daß Mancher hilft und giebt, leistet und entsagt, ohne in seinem Herzen eine weitere Absicht zu haben, als daß dem Andern, dessen Noth er sieht, geholfen werde. Und daß Arnold von Winkelried, als er ausrief: »Trüwen, lieben Eidgenossen, wullt's minem Wip und Kinde gedenken«, und dann so viele feindliche Speere umarmte, als er fassen konnte, – dabei eine eigennützige Absicht gehabt habe; das denke sich wer es kann: ich vermag es nicht. – Auf Fälle freier Gerechtigkeit, die ohne Schikane und Obstination [Starrsinn] nicht abzuleugnen sind, habe ich schon oben § 13 aufmerksam gemacht. – Sollte aber dennoch Jemand darauf bestehn, mir das Vorkommen aller solcher Handlungen abzuleugnen; dann würde, ihm zufolge, die Moral eine Wissenschaft ohne reales Objekt seyn, gleich der Astrologie und Alchimie, und es wäre verlorene Zeit, über ihre Grundlage noch ferner zu disputiren. Mit ihm wäre ich daher zu Ende und rede zu Denen, welche die Realität der Sache einräumen.

Handlungen der besagten Art sind es also allein, denen man eigentlichen *moralischen Werth* zugesteht. Als das Eigenthümliche und Charakteristische derselben finden wir die Ausschließung derjenigen Art von Motiven, durch welche sonst alle menschliche Handlungen hervorgerufen werden, nämlich der *eigennützigen*, im weitesten Sinne des Worts. Daher eben die Entdeckung eines eigennützigen Motivs, wenn es das einzige war, den moralischen Werth einer Handlung ganz aufhebt, und wenn es accessorisch wirkte, ihn schmälert. Die Abwesenheit aller egoistischen Motivation ist also *das Kriterium einer Handlung von moralischem Werth*. Zwar ließe sich einwenden, daß auch die Handlungen reiner Bosheit und Grausamkeit nicht *eigennützig* sind: jedoch liegt am Tage, daß diese hier nicht gemeint seyn können, da sie das Gegentheil der in Rede stehenden Handlungen sind. Wer indessen auf die Strenge der Definition hält, mag jene Handlungen durch das ihnen wesentliche Merkmal, daß sie fremdes Leiden bezwecken, ausdrücklich ausscheiden. – Als ganz inneres und daher nicht so evidentes Merkmal der Handlungen von moralischem Werth kommt hinzu, daß sie eine gewisse Zufriedenheit mit uns selbst zurücklassen, welche man den Beifall des Gewissens nennt; wie denn gleichfalls die ihnen entgegengesetzten Handlungen der Ungerechtigkeit und Lieblosigkeit, noch mehr die der Bosheit und Grausamkeit, eine entgegengesetzte innere Selbstbeurtheilung erfahren; ferner noch, als sekundäres und accidentelles äußeres Merkmal, daß die Handlungen der ersten Art den Beifall und die Achtung der unbetheiligten Zeugen, die der zweiten das Gegentheil hervorrufen.

Die so festgestellten und als faktisch gegeben zugestandenen Handlungen von moralischem Werth haben wir nun als das vorliegende und zu erklärende Phänomen zu betrachten, und demnach zu untersuchen, *was* es sei, das den Menschen zu Handlungen dieser Art bewegen kann; welche Untersuchung, wenn sie uns gelingt, die ächte moralische Triebfeder nothwendig an den Tag bringen muß, wodurch, da auf diese alle Ethik sich zu stützen hat, unser Problem gelöst wäre.

Aufstellung und Beweis der allein ächten moralischen Triebfeder

Nach den bisherigen, unumgänglich nöthigen Vorbereitungen komme ich zur Nachweisung der wahren, allen Handlungen von ächtem moralischen Werth zum Grunde liegenden Triebfeder, und als diese wird sich uns eine solche ergeben, welche durch ihren Ernst und durch ihre unzweifelbare Realität gar weit absteht von allen den Spitzfindigkeiten, Klügeleien, Sophismen, aus der Luft gegriffenen Behauptungen und apriorischen Seifenblasen, welche die bisherigen Systeme zur Quelle des moralischen Handelns und zur Grundlage der Ethik haben machen wollen. Da ich diese moralische Triebfeder nicht etwan zur beliebigen Annahme *vorschlagen*, sondern als die allein mögliche wirklich *beweisen* will, dieser Beweis aber die Zusammenfassung vieler Gedanken erfordert; so stelle ich einige Prämissen voran, welche die Voraussetzungen der Beweisführung sind und gar wohl als *Axiomata* gelten können, bis auf die zwei letzten, die sich auf oben gegebene Auseinandersetzungen berufen.

1. Keine Handlung kann ohne zureichendes Motiv geschehn; so wenig, als ein Stein ohne zureichenden Stoß, oder Zug, sich bewegen kann.
   2. Eben so wenig kann eine Handlung, zu welcher ein

für den Charakter des Handelnden zureichendes Motiv vorhanden ist, unterbleiben, wenn nicht ein stärkeres Gegenmotiv ihre Unterlassung nothwendig macht.

3. Was den Willen bewegt, ist allein Wohl und Wehe überhaupt und im weitesten Sinne des Worts genommen; wie auch umgekehrt Wohl und Wehe bedeutet »einem Willen gemäß, oder entgegen«. Also muß jedes Motiv eine Beziehung auf Wohl und Wehe haben.

4. Folglich bezieht jede Handlung sich auf ein für Wohl und Wehe empfängliches Wesen, als ihren letzten Zweck.

5. Dieses Wesen ist entweder der Handelnde selbst, oder ein Anderer, welcher alsdann bei der Handlung *passive* betheiligt ist, indem sie zu seinem Schaden, oder zu seinem Nutz und Frommen geschieht.

6. Jede Handlung, deren letzter Zweck das Wohl und Wehe des Handelnden selbst ist, ist eine *egoistische*.

7. Alles hier von Handlungen Gesagte gilt eben so wohl von Unterlassung solcher Handlungen, zu welchen Motiv und Gegenmotiv vorliegt.

8. In Folge der im vorhergehenden Paragraphen gegebenen Auseinandersetzung schließen *Egoismus* und *moralischer Werth* einer Handlung einander schlechthin aus. Hat eine Handlung einen egoistischen Zweck zum Motiv; so kann sie keinen moralischen Werth haben: soll eine Handlung moralischen Werth haben; so darf kein egoistischer Zweck, unmittelbar oder mittelbar, nahe oder fern, ihr Motiv seyn.

9. In Folge der § 5 vollzogenen Eliminiation der vorgeblichen Pflichten gegen uns selbst, kann die moralische Bedeutsamkeit einer Handlung nur liegen in ihrer Be-

ziehung auf Andere: nur in Hinsicht auf diese kann sie moralischen Werth, oder Verwerflichkeit haben und demnach eine Handlung der Gerechtigkeit, oder Menschenliebe, wie auch das Gegentheil beider seyn.

Aus diesen Prämissen ist Folgendes evident: Das *Wohl und Wehe*, welches (laut Prämisse 3) jeder Handlung, oder Unterlassung, als letzter Zweck zum Grunde liegen muß, ist entweder das des Handelnden selbst, oder das irgend eines Andern, bei der Handlung passive Betheiligten. Im *ersten Falle* ist die Handlung nothwendig *egoistisch;* weil ihr ein interessirtes Motiv zum Grunde liegt. Dies ist nicht bloß der Fall bei Handlungen, die man offenbar zu seinem eigenen Nutzen und Vortheil unternimmt, dergleichen die allermeisten sind; sondern es tritt eben so wohl ein, sobald man von einer Handlung irgend einen entfernten Erfolg, sei es in dieser, oder einer andern Welt, *für sich* erwartet; oder wenn man dabei seine Ehre, seinen Ruf bei den Leuten, die Hochachtung irgend Jemandes, die Sympathie der Zuschauer u. dgl. m. im Auge hat; nicht weniger, wenn man durch diese Handlung eine Maxime aufrecht zu erhalten beabsichtigt, von deren allgemeiner Befolgung man *eventualiter* einen Vortheil *für sich selbst* erwartet, wie etwan die der Gerechtigkeit, des allgemeinen hülfreichen Beistandes u. s. w. – ebenfalls, wenn man irgend einem absoluten Gebot, welches von einer zwar unbekannten, aber doch offenbar überlegenen Macht ausgienge, Folge zu leisten für gerathen hielte; da alsdann nichts Anderes, als *die Furcht* vor den nachtheiligen Folgen des *Ungehorsams*, wenn sie auch bloß allgemein und unbestimmt gedacht werden, dazu bewegen kann; – desgleichen, wenn man seine eigene hohe Meinung von sich selbst, seinem Werthe oder Würde, deutlich oder undeutlich begriffen, die man außerdem aufgeben müßte und dadurch seinen Stolz gekränkt sähe, durch irgend eine Handlung, oder Unterlassung, zu behaupten trachtet; – endlich auch, wenn man, nach *Wolfischen* Principien, dadurch an seiner eigenen Vervollkommnung arbeiten will. Kurzum, man setze zum letzten Beweggrund einer Handlung, was man wolle; immer wird sich ergeben, daß, auf irgend einem Umwege, zuletzt das *eigene Wohl und Wehe des Handelnden* die eigentliche Triebfeder, mithin die Handlung *egoistisch*, folglich *ohne moralischen Werth* ist. Nur einen einzigen Fall giebt es, in welchem dies nicht Statt hat: nämlich wenn der letzte Beweggrund zu einer Handlung, oder Unterlassung, geradezu und ausschließlich im *Wohl und Wehe* irgend eines dabei passive betheiligten *Andern* liegt, also der aktive Theil bei seinem Handeln, oder Unterlassen, ganz allein das Wohl und Wehe eines *Andern* im Auge hat und durchaus nichts bezweckt, als daß jener Andere unverletzt bleibe, oder gar Hülfe, Beistand und Erleichterung erhalte. *Dieser Zweck allein* drückt einer Handlung, oder Unterlassung, den Stämpel des *moralischen Werthes* auf; welcher demnach ausschließlich darauf beruht, daß die Handlung bloß zu Nutz und Frommen *eines Andern* geschehe, oder unterbleibe. Sobald nämlich dies nicht der Fall ist; so kann das *Wohl und Wehe*, welches zu *jeder* Handlung treibt, oder von ihr abhält, nur das *des Handelnden selbst* seyn: dann aber ist die Handlung, oder Unterlassung, allemal *egoistisch*, mithin *ohne moralischen Werth*.

Wenn nun aber meine Handlung ganz allein *des Andern wegen* geschehn soll; so muß *sein Wohl und Wehe unmittelbar mein Motiv* sein: so wie bei allen andern Handlungen das *meinige* es ist. Dies bringt unser Problem auf einen engern Ausdruck, nämlich diesen: wie ist es irgend möglich, daß das Wohl und Wehe *eines Andern*, unmittelbar, d. h. ganz so wie sonst nur mein eigenes, meinen Willen bewege, also direkt mein Motiv werde, und sogar es bisweilen in dem Grade werde, daß ich demselben mein eigenes Wohl und Wehe, diese sonst alleinige Quelle meiner Motive, mehr oder weniger nachsetze? – Offenbar nur dadurch, daß jener Andere *der letzte Zweck* meines Willens wird, ganz so wie sonst ich selbst es bin: also dadurch, daß ich ganz unmittelbar *sein* Wohl will und *sein* Wehe nicht will, so unmittelbar, wie sonst nur *das meinige*. Dies aber setzt nothwendig voraus, daß ich bei *seinem* Wehe als solchem geradezu mit leide, *sein* Wehe fühle, wie sonst nur meines, und deshalb sein Wohl unmittelbar will, wie sonst nur meines. Dies erfordert aber, daß ich auf irgend eine Weise *mit ihm identificirt sei*, d. h. daß jener gänzliche *Unterschied* zwischen mir und jedem Andern, auf welchem gerade mein Egoismus beruht, wenigstens in einem gewissen Grade aufgehoben sei. Da ich nun aber doch nicht *in der Haut* des Andern stecke, so kann allein vermittelst der *Erkenntniß*, die ich von ihm habe, d. h. der Vorstellung von ihm in meinem Kopf, ich mich so weit mit ihm identificiren, daß meine That jenen Unterschied als aufgehoben ankündigt. Der hier analysirte Vorgang aber ist kein erträumter, oder aus der Luft gegriffener, sondern ein ganz wirklicher, ja, keineswegs seltener: es ist das alltägliche Phänomen des *Mitleids*, d.h. der ganz unmittelbaren, von allen anderweitigen Rücksichten unabhängigen *Theilnahme* zunächst am *Leiden* eines Andern und dadurch an der Verhinderung oder Aufhebung dieses Leidens, als worin zuletzt alle Befriedigung und alles Wohlseyn und Glück besteht. Dieses Mitleid ganz allein ist die wirkliche Basis aller *freien* Gerechtigkeit und aller *ächten* Menschenliebe. Nur sofern eine Handlung aus ihm entsprungen ist, hat sie moralischen Werth: und jede aus irgend welchen andern Motiven hervorgehende hat keinen. Sobald dieses Mitleid rege wird, liegt mir das Wohl und Wehe des Andern unmittelbar am Herzen, ganz in der selben Art, wenn auch nicht stets in dem selben Grade, wie sonst allein das meinige: also ist jetzt der Unterschied zwischen ihm und mir kein absoluter mehr.

Allerdings ist dieser Vorgang erstaunenswürdig, ja, mysteriös. Er ist, in Wahrheit, das große Mysterium der Ethik, ihr Urphänomen und der Gränzstein, über welchen hinaus nur noch die metaphysische Spekulation einen Schritt wagen kann. Wir sehn, in jenem Vorgang, die Scheidewand, welche nach dem Lichte der Natur (wie alte Theologen die Vernunft nennen), Wesen von Wesen durchaus trennt, aufgehoben und das Nicht-Ich gewissermaaßen zum Ich geworden. Uebrigens wollen wir die metaphysische Auslegung des Phänomens für jetzt unberührt lassen und fürs Erste sehn, ob alle Handlungen der freien Gerechtigkeit und der ächten Menschenliebe wirklich aus diesem Vorgange fließen. Dann wird unser Problem gelöst seyn, indem wir das letzte Fundament der Moralität in der menschlichen Natur selbst werden nachgewiesen haben, welches Fundament nicht selbst wieder ein Problem der *Ethik* seyn kann, wohl aber, wie alles Bestehende *als solches*, der *Metaphysik*. Allein die metaphysische Auslegung des ethischen Urphänomens liegt schon über die von der Königlichen Societät gestellte Frage, als welche auf die Grundlage der Ethik gerichtet ist, hinaus, und kann allenfalls nur als eine beliebig zu gebende und beliebig zu nehmende Zugabe beigefügt werden. – Bevor ich nun aber zur Ableitung der Kardinaltugenden aus der aufgestellten Grundtriebfeder schreite, habe ich noch zwei wesentliche Bemerkungen nachträglich beizubringen.

1. Zum Behuf leichterer Faßlichkeit habe ich die obige Ableitung des Mitleids, als alleiniger Quelle der Handlungen von moralischem Werth, dadurch vereinfacht, daß ich die Triebfeder der *Bosheit*, als welche, uneigennützig wie das Mitleid, den fremden *Schmerz* zu ihrem letzten Zwecke macht, absichtlich außer Acht gelassen habe. Jetzt aber können wir, mit Hinzuziehung derselben, den oben gegebenen Beweis vollständiger und stringenter [bündiger] so resumiren:

Es giebt überhaupt nur *drei Grund-Triebfedern* der menschlichen Handlungen; und allein durch Erregung derselben wirken alle irgend möglichen Motive. Sie sind:

a. Egoismus; der das eigene Wohl will (ist gränzenlos).

b. Bosheit; die das Fremde Wehe will (geht bis zur äußersten Grausamkeit).

c. Mitleid; welches das fremde Wohl will (geht bis zum Edelmuth und zur Großmuth).

Jede menschliche Handlung muß auf eine dieser Triebfedern zurückzuführen seyn; wiewohl auch zwei derselben vereint wirken können. Da wir nun Handlungen von moralischem Werth als faktisch gegeben angenommen haben; so müssen auch sie aus einer dieser Grund-Triebfedern hervorgehn. Sie können aber, vermöge Prämisse 8, nicht aus der *ersten* Triebfeder entspringen; noch weniger aus der *zweiten*; da alle aus dieser hervorgehenden Handlungen moralisch verwerflich sind, während die erste zum Theil moralisch indifferente liefert. Also müssen sie von der *dritten* Triebfeder ausgehn: und dies wird seine Bestätigung *a posteriori* im Folgenden erhalten.

2. Die unmittelbare Theilnahme am Andern ist auf sein *Leiden* beschränkt und wird nicht, wenigstens nicht direkt, auch durch sein *Wohlseyn* erregt: sondern dieses an und für sich läßt uns gleichgültig. Dies sagt ebenfalls *J. J. Rousseau* im *Emile (liv. IV.):* »*Première maxime: Il n'est pas dans le cœur humain, de se mettre à la place des gens, qui sont plus heureux que nous, mais seulement de ceux, qui sont plus à plaindre*« [Erste Regel: Es liegt dem menschlichen Herzen nicht, sich an die Stelle von Leuten zu setzen, die glücklicher sind als wir, sondern nur von jenen, die beklagenswerter sind] etc.

Der Grund hievon ist, daß der Schmerz, das Leiden, wozu aller Mangel, Entbehrung, Bedürfniß, ja jeder Wunsch gehört, *das Positive, das unmittelbar Empfundene* ist. Hingegen besteht die Natur der Befriedigung, des Genusses, des Glücks, nur darin, daß eine Entbehrung aufgehoben, ein Schmerz gestillt ist. Diese wirken also *negativ*. Daher eben ist Bedürfniß und Wunsch die Bedingung jedes Genusses. Dies erkannte schon *Plato*, und nahm nur die Wohlgerüche und die Geistesfreuden aus. *(De Rep., IX, p. 264 sq. Bp.)* Auch *Voltaire* sagt: *Il n'est de vrais plaisirs, qu'avec de vrais besoins* [Es gibt keine echten Genüsse ohne echte Bedürfnisse: *Précis de l'Ecclésiaste*, v. 30]. Also das *Positive*, das sich durch sich selbst kund Gebende ist der Schmerz: Befriedigung und Genüsse sind das *Negative*, die bloße Aufhebung jenes Erstern. Hierauf zunächst beruht es, daß nur das Leiden, der Mangel, die Gefahr, die Hülflosigkeit des Andern direkt und als solche unsere Theilnahme erwecken. Der Glückliche, Zufriedene *als solcher* läßt uns gleichgültig: eigentlich weil sein Zustand ein negativer ist: die Abwesenheit des Schmerzes, des Mangels und der Noth. Wir können zwar über das Glück, das Wohlseyn, den Genuß Anderer uns freuen: dies ist dann aber sekundär und dadurch vermittelt, daß vorher ihr Leiden und Entbehren uns betrübt hatte; oder aber auch wir nehmen Theil an dem Beglückten und Genießenden, nicht *als solchem*, sondern sofern er unser Kind, Vater, Freund, Verwandter, Diener, Unterthan u. dgl. ist. Aber nicht der Beglückte und Genießende *rein als solcher* erregt unsere unmittelbare Theilnahme, wie es der Leidende, Entbehrende, Unglückliche *rein als solcher* thut. Erregt doch sogar auch für *uns selbst* eigentlich nur unser Leiden, wohin auch jeder Mangel, Bedürfniß, Wunsch, ja, die Langeweile zu zählen ist, unsere Thätigkeit; während ein Zustand der Zufriedenheit und Beglückung uns unthätig und in träger Ruhe läßt: wie sollte es in Hinsicht auf Andere nicht eben so seyn? da ja unsere Theilnahme auf einer Identifikation mit ihnen beruht. Sogar kann der Anblick des Glücklichen und Genießenden *rein als solchen* sehr leicht unsern Neid erregen, zu welchem die

Anlage in jedem Menschen liegt und welcher seine Stelle oben unter den antimoralischen Potenzen gefunden hat.

In Folge der oben gegebenen Darstellung des Mitleids als eines unmittelbaren Motivirtwerdens durch die Leiden des Andern, muß ich noch den nachmals oft wiederholten Irrthum des *Cassina* (*Saggio analitico sulla compassione; 1788**; deutsch von Pockels, 1790) rügen, welcher meint, das Mitleid entstehe durch eine augenblickliche Täuschung der Phantasie, indem wir selbst uns an die Stelle des Leidenden versetzten und nun, in der Einbildung, *seine* Schmerzen an *unserer* Person zu leiden wähnten. So ist es keineswegs; sondern es bleibt uns gerade jeden Augenblick klar und gegenwärtig, daß Er der Leidende ist, nicht *wir*: und geradezu *in seiner* Person, nicht in unserer, fühlen wir das Leiden, zu unserer Betrübniß. Wir leiden *mit* ihm, also *in* ihm: wir fühlen seinen Schmerz als den *seinen* und haben nicht die Einbildung, daß es der unserige sei: ja, je glücklicher unser eigener Zustand ist und je mehr also das Bewußtseyn desselben mit der Lage des Andern konstrastirt, desto empfänglicher sind wir für das Mitleid. Die Erklärung der Möglichkeit dieses höchst wichtigen Phänomens ist aber nicht so leicht, noch auf dem bloß psychologischen Wege zu erreichen, wie *Cassina* es versuchte. Sie kann nur metaphysisch ausfallen: und eine solche werde ich im letzten Abschnitt zu geben versuchen.

---

* Die (zweite) Auflage datiert, laut Angabe des Cassina-Übersetzers Pockels, von 1780. U.K.

Das große Mysterium der Ethik[*]

Von Arthur Schopenhauer

Gehört [...] Vielfalt und Geschiedenheit allein der bloßen *Erscheinung* an, und ist es Ein und das selbe Wesen,
welches in allem Lebenden sich darstellt; so ist diejenige
Auffassung, welche den Unterschied zwischen Ich und
Nicht-Ich aufhebt, nicht die irrige: vielmehr muß die ihr
entgegengesetzte dies seyn. Auch finden wir diese letztere
von den Hindus mit dem Namen *Maja*, d. h. Schein, Täuschung, Gaukelbild, bezeichnet. Jene erstere Ansicht ist
es, welche wir als dem Phänomen des Mitleids zum
Grunde liegend, ja, dieses als den realen Ausdruck derselben gefunden haben. Sie wäre demnach die metaphysische Basis der Ethik, und bestände darin, daß das *eine*
Individuum im *andern* unmittelbar sich selbst, sein eigenes wahres Wesen wiedererkenne. Demnach träfe die
praktische Weisheit, das Rechtthun und Wohlthun, im
Resultat genau zusammen mit der tiefsten Lehre der
am weitesten gelangten theoretischen Weisheit; und der
praktische Philosoph, d. h. der Gerechte, der Wohlthä-
tige, der Edelmüthige, spräche durch die That nur die
selbe Erkenntniß aus, welche das Ergebniß des größten
Tiefsinns und der mühsäligsten Forschung des theoretischen Philosophen ist. Indessen steht die moralische
Trefflichkeit höher denn alle theoretische Weisheit, als
welche immer nur Stückwerk ist und auf dem langsamen

---

[*] Aus: *Über die Grundlage der Moral* (1841) III § 22

Wege der Schlüsse zu dem Ziele gelangt, welches jene mit Einem Schlage erreicht; und der moralisch Edle, wenn ihm auch noch so sehr die intellektuelle Trefflichkeit abgeht, legt durch sein Handeln die tiefste Erkenntniß, die höchste Weisheit an den Tag, und beschämt den Genialsten und Gelehrtesten, wenn dieser durch sein Thun verräth, daß jene große Wahrheit ihm doch im Herzen fremd geblieben ist.

»Die Individuation ist real, das *principium individuationis* und die auf demselben beruhende Verschiedenheit der Individuen ist die Ordnung der Dinge an sich. Jedes Individuum ist ein von allen andern von Grund aus verschiedenes Wesen. Im eigenen Selbst allein habe ich mein wahres Seyn, alles Andere hingegen ist Nicht-Ich und mir fremd.« – Dies ist die Erkenntniß, für deren Wahrheit Fleisch und Bein Zeugniß ablegen, die allem Egoismus zum Grunde liegt, und deren realer Ausdruck jede lieblose, ungerechte, oder boshafte Handlung ist. –

»Die Individuation ist bloße Erscheinung, entstehend mittelst Raum und Zeit, welche nichts weiter als die durch mein cerebrales Erkenntnißvermögen bedingten Formen aller seiner Objekte sind; daher auch die Vielheit und Verschiedenheit der Individuen bloße Erscheinung, d. h. nur in meiner *Vorstellung* vorhanden ist. Mein wahres, inneres Wesen existirt in jedem Lebenden so unmittelbar, wie es in meinem Selbstbewußtseyn sich nur mir selber kund giebt.« – Diese Erkenntniß, für welche im Sanskrit die Formel *tat-twam asi*, d. h. »dies bist Du«, der stehende Ausdruck ist, ist es, die als *Mitleid* hervorbricht, auf welcher daher alle ächte, d. h. uneigennützige Tugend beruht und deren realer Ausdruck jede gute That ist. Diese Erkenntniß ist es im letzten Grunde, an welche jede Appellation an Milde, an Menschenliebe, an Gnade für Recht sich richtet: denn eine solche ist eine Erinnerung an die Rücksicht, in welcher wir alle Eins und das selbe Wesen sind. Hingegen beruft Egoismus, Neid, Haß, Verfolgung, Härte, Rache, Schadenfreude, Grausamkeit sich auf jene erstere Erkenntniß und beruhigt sich bei ihr. Die Rührung und Wonne, welche wir beim Anhören, noch mehr beim Anblick, am meisten beim eigenen Vollbringen einer edlen Handlung empfinden, beruht im tiefsten Grunde darauf, daß sie uns die Gewißheit giebt, daß jenseit aller Vielheit und Verschiedenheit der Individuen, die das *principium individuationis* uns vorhält, eine Einheit derselben liege, welche wahrhaft vorhanden, ja, uns zugänglich ist, da sie ja eben faktisch hervortrat.

Je nachdem die eine oder die andere Erkenntnißweise festgehalten wird, tritt, zwischen Wesen und Wesen, die φιλια [Liebe] oder der νειλος [Haß] des Empedokles hervor. Aber wer, vom νειλος beseelt, feindlich eindränge auf seinen verhaßtesten Widersacher, und bis in das Tiefinnerste desselben gelangte; der würde in diesem, zu seiner Ueberraschung, sich selbst entdecken. Denn so gut wie im Traum in allen uns erscheinenden Personen wir selbst stecken, so gut ist es im Wachen der Fall, – wenn auch nicht so leicht einzusehn. Aber *tat-twam asi.*

Das Vorwalten der einen oder der andern jener beiden Erkenntnißweisen zeigt sich nicht bloß in den einzelnen Handlungen, sondern in der ganzen Art des Bewußtseyns und der Stimmung, welche daher beim *guten* Charakter eine von der des *schlechten* so wesentlich verschiedene ist. *Dieser* empfindet überall eine starke Scheidewand zwischen sich und Allem außer ihm. Die Welt ist ihm ein *absolutes Nicht-Ich* und sein Verhältniß zu ihr ein ursprünglich feindliches: dadurch wird der Grundton seiner Stimmung Gehässigkeit, Argwohn, Neid, Schadenfreude. – Der gute Charakter hingegen lebt in einer seinem Wesen homogenen Außenwelt: die Andern sind ihm kein Nicht-Ich, sondern »Ich noch ein Mal«. Daher ist sein ursprüngliches Verhältniß zu Jedem ein befreundetes: er fühlt sich allen Wesen im Innern verwandt, nimmt unmittelbar Theil an ihrem Wohl und Wehe, und setzt mit Zuversicht die selbe Theilnahme bei ihnen voraus. Hieraus erwächst der tiefe Friede seines Innern und jene getroste, beruhigte, zufriedene Stimmung, vermöge welcher in seiner Nähe Jedem wohl wird. – Der böse Charakter vertraut in der Noth nicht auf den Beistand Anderer: ruft er ihn an, so geschieht es ohne Zuversicht: erlangt er ihn, so empfängt er ihn ohne wahre Dankbarkeit: weil er ihn kaum anders denn als Wirkung der Thorheit Anderer begreifen kann. Denn sein eigenes im fremden Wesen wieder zu erkennen, ist er selbst dann noch unfähig, nachdem es von dort aus sich durch unzweideutige Zeichen kund gegeben hat. Hierauf beruht eigentlich das Empörende alles Undanks. Diese moralische Isolation, in der er sich wesentlich und unausweichbar befindet, läßt ihn auch leicht in Verzweiflung gerathen. – Der gute Charakter wird mit eben so vieler Zuversicht den Beistand Anderer anrufen, als er sich der Bereitwilligkeit bewußt ist, ihnen den seinigen zu leisten. Denn, wie gesagt, dem Einen ist die Menschenwelt Nicht-Ich, dem Andern »Ich noch ein Mal«. – Der Großmüthige, welcher dem Feinde verzeiht und das Böse mit

Gutem erwidert, ist erhaben und erhält das höchste Lob; weil er sein selbsteigenes Wesen auch da noch erkannte, wo es sich entschieden verleugnete.

Jede ganz lautere Wohltat, jede völlig und wahrhaft uneigennützige Hülfe, welche, als solche, ausschließlich die Noth des Andern zum Motiv hat, ist, wenn wir bis auf den letzten Grund forschen, eigentlich eine mysteriöse Handlung, eine praktische Mystik, sofern sie zuletzt aus der selben Erkenntniß, die das Wesen aller eigentlichen Mystik ausmacht, entspringt und auf keine andere Weise mit Wahrheit erklärbar ist. Denn daß Einer auch nur ein Almosen gebe, ohne dabei auf die entfernteste Weise etwas Anderes zu bezwecken, als daß der Mangel, welcher den Andern drückt, gemindert werde, ist nur möglich, sofern er erkennt, daß er selbst es ist, was ihm jetzt unter jener traurigen Gestalt erscheint, also daß er sein eigenes Wesen an sich in der fremden Erscheinung wiedererkenne. Daher habe ich, in der vorigen Abtheilung, das Mitleid das große Mysterium der Ethik genannt.

Von den Mitleidigen[*]

Von Friedrich Nietzsche

131. *Die moralischen Moden.* – Wie sich die moralischen Gesammt-Urtheile verschoben haben! Diese grös-
sten Wunder der antiken Sittlichkeit, zum Beispiel Epiktet, wussten Nichts von der jetzt üblichen Verherrlichung
des Denkens an Andere, des Lebens für Andere; man
würde sie nach unserer moralischen Mode geradezu un-
moralisch nennen müssen, denn sie haben sich mit allen
Kräften *für* ihr ego und *gegen* die Mitempfindung mit
den Anderen (namentlich mit deren Leiden und sittlichen
Gebrechen) gewehrt. Vielleicht dass sie uns antworten
würden: »habt ihr an euch selber einen so langweiligen
oder hässlichen Gegenstand, so denkt doch ja an Andere
mehr, als an euch! Ihr thut gut daran!«

132. *Die ausklingende Christlichkeit in der Moral.* –
»On n'est bon que par la pitié: il faut donc qu'il y ait
quelque pitié dans tous nos sentiments« – so klingt jetzt
die Moral. Und woher kommt das? – Dass der Mensch
der sympathischen, uninteressirten, gemeinnützigen,
gesellschaftlichen Handlungen jetzt als der *moralische*
empfunden wird, – das ist vielleicht die allgemeinste Wirkung und Umstimmung, welche das Christenthum in
Europa hervorgebracht hat: obwohl sie weder seine Absicht, noch seine Lehre gewesen ist. Aber es war das

[*] Aus: *Morgenröthe* (1881) 131.-148.

residuum christlicher Stimmungen, als der sehr entgegengesetzte, streng egoistische Grundglaube an das »Eins ist noth«, an die absolute Wichtigkeit des ewigen *persönlichen* Heils, mit den Dogmen, auf denen er ruhte, allmählich zurücktrat, und der Nebenglaube an die »Liebe«, an die »Nächstenliebe«, zusammenstimmend mit der ungeheuren Praxis der kirchlichen Barmherzigkeit, dadurch in den Vordergrund gedrängt wurde. Je mehr man sich von den Dogmen loslöste, um so mehr suchte man gleichsam die *Rechtfertigung* dieser Loslösung in einem Cultus der Menschenliebe: hierin hinter dem christlichen Ideale nicht zurückzubleiben, sondern es womöglich zu *überbieten*, war ein geheimer Sporn bei allen französischen Freidenkern, von Voltaire bis auf Auguste Comte: und Letzterer hat mit seiner berühmten Moralformel vivre pour autrui in der That das Christenthum überchristlicht. Auf deutschem Boden hat Schopenhauer, auf englischem John Stuart Mill der Lehre von den sympathischen Affectionen und vom Mitleiden oder vom Nutzen Anderer als dem Princip des Handelns die meiste Berühmtheit gegeben: aber sie selber waren nur ein Echo, – jene Lehren sind mit einer gewaltigen Triebkraft überall und in den gröbsten und feinsten Gestalten zugleich aufgeschossen, ungefähr von der Zeit der französischen Revolution an, und alle socialistischen Systeme haben sich wie unwillkürlich auf den gemeinsamen Boden dieser Lehren gestellt. Es giebt vielleicht jetzt kein besser geglaubtes Vorurtheil, als diess: dass man *wisse*, was eigentlich das Moralische ausmache. Es scheint jetzt Jedermann *wohlzuthun*, wenn er hört, daß die Gesellschaft auf dem Wege sei, den Einzelnen den allgemeinen Bedürfnissen *anzupassen* und dass *das Glück und zugleich das Opfer des Einzelnen* darin liege, sich als ein nützliches Glied und Werkzeug des Ganzen zu fühlen: nur dass man gegenwärtig noch sehr schwankt, worin dieses Ganze zu suchen sei, ob in einem bestehenden oder zu begründenden Staate, oder in der Nation oder in einer Völker-Verbrüderung oder in kleinen neuen wirthschaftlichen Gemeinsamkeiten. Hierüber giebt es jetzt viel Nachdenken, Zweifeln, Kämpfen, viel Aufregung und Leidenschaft; aber wundersam und wohltönend ist die Eintracht in der Forderung, dass das ego sich zu verleugnen habe, bis es, in der Form der Anpassung an das Ganze, auch wieder seinen festen Kreis von Rechten und Pflichten bekomme, – bis es etwas ganz Neues und Anderes geworden sei. Man will nichts Geringeres – ob man es sich nun eingesteht oder nicht –, als eine gründliche Umbildung, ja Schwächung und Aufhebung des *Individuums*: man wird nicht müde, alles das Böse und Feindselige, das Verschwenderische, das Kostspielige, das Luxushafte in der bisherigen Form des individuellen Daseins aufzuzählen und anzuklagen, man hofft wohlfeiler, ungefährlicher, gleichmässiger, einheitlicher zu wirthschaften, wenn es nur noch *grosse Körper und deren Glieder* giebt. Als *gut* wird Alles empfunden, was irgendwie diesem körper- und gliederbildenden Triebe und seinen Hülfstrieben entspricht, diess ist der *moralische Grundstrom* in unserem Zeitalter; Mitempfindung und sociale Empfindung spielen dabei in einander über. (Kant steht noch ausserhalb dieser Bewegung; er lehrt ausdrücklich, dass wir gegen fremde Leiden unempfindlich sein müssen, wenn unser Wohlthun moralischen

Werth haben soll, – was Schopenhauer, sehr ergrimmt, wie man begreifen wird, *die Kantische Abgeschmackt-heit* nennt.)

133. *»Nicht mehr an sich denken.«* – Man überlege es sich doch recht gründlich: warum springt man Einem, der vor uns in's Wasser fällt, nach, obschon man ihm gar nicht geneigt ist? Aus Mitleid: man denkt da nur noch an den Anderen, – sagt die Gedankenlosigkeit. Warum empfindet man Schmerz und Unbehagen mit Einem, der Blut speit, während man ihm sogar böse und feindlich gesinnt ist? Aus Mitleid: man denkt dabei eben nicht mehr an sich, – sagt die selbe Gedankenlosigkeit. Die Wahrheit ist: im Mitleid – ich meine in dem, was irreführender Weise gewöhnlich Mitleid genannt zu werden pflegt, – denken wir zwar nicht mehr bewusst an uns, aber *sehr stark unbewusst*, wie wenn wir beim Ausgleiten eines Fusses, für uns jetzt unbewusst, die zweckmässigsten Gegenbewegungen machen und dabei ersichtlich allen unseren Verstand gebrauchen. Der Unfall des Andern beleidigt uns, er würde uns unserer Ohnmacht, vielleicht unserer Feigheit überführen, wenn wir ihm nicht Abhülfe brächten. Oder er bringt schon an sich eine Verringerung unsrer Ehre vor Anderen oder vor uns selbst mit sich. Oder es liegt im Unfalle und Leiden eines Anderen ein Fingerzeig der Gefahr für uns; und schon als Merkmale der menschlichen Gefährdetheit und Gebrechlichkeit überhaupt können sie auf uns peinlich wirken. Dieser Art Pein und Beleidigung weisen wir zurück und vergelten sie durch eine Handlung des Mitleidens, in ihr kann eine feine Nothwehr oder auch Rache sein. Dass

wir im Grunde stark an uns denken, lässt sich aus der Entscheidung errathen, welche wir in allen den Fällen treffen, wo wir dem Anblicke des Leidenden, Darbenden, Jammernden aus dem Wege gehen *können*: wir entschliessen uns, es *nicht* zu thun, wenn wir als die Mächtigeren, Helfenden hinzukommen können, des Beifalls sicher sind, unsern Glücks-Gegensatz empfinden wollen oder auch uns durch den Anblick aus der Langenweile herauszureissen hoffen. Es ist irreführend, das Leid, welches uns bei einem solchen Anblick angethan wird und das sehr verschiedener Art sein kann, Mit-Leid zu benennen, denn unter allen Umständen ist es ein Leid, von dem der vor uns Leidende *frei* ist: es ist uns zu eigen, wie ihm sein Leiden zu eigen ist. *Nur dieses eigne Leid* aber ist es, welches wir von uns abthun, wenn wir Handlungen des Mitleidens verüben. Doch thun wir Etwas der Art nie aus Einem Motive; so gewiss wir uns dabei von einem Leiden befreien wollen, so gewiss geben wir bei der gleichen Handlung einem *Antriebe der Lust* nach, – Lust entsteht beim Anblick eines Gegensatzes unsrer Lage, bei der Vorstellung, helfen zu können, wenn wir nur wollten, bei dem Gedanken an Lob und Erkenntlichkeit, im Falle wir hälfen, bei der Thätigkeit der Hülfe selber, insofern der Act gelingt und als etwas schrittweise Gelingendes dem Ausführenden an sich Ergötzen macht, namentlich aber in der Empfindung, dass unsere Handlung einer empörenden Ungerechtigkeit ein Ziel setzt (schon das Auslassen seiner Empörung erquickt). Diess Alles, Alles, und noch viel Feineres hinzugerechnet, ist »Mitleid«: – wie plump fällt die Sprache mit ihrem Einen Worte über so ein polyphones Wesen her! – Dass dagegen das Mitleiden *einartig* mit dem Leiden sei, bei dessen Anblick es entsteht, oder dass es ein besonders feines durchdringendes Verstehen für dasselbe habe, diess Beides widerspricht der *Erfahrung*, und wer es gerade in diesen beiden Hinsichten verherrlicht hat, dem *fehlte* eben auf diesem Bereiche des Moralischen die ausreichende Erfahrung. Das ist mein Zweifel bei all den unglaublichen Dingen, welche Schopenhauer vom Mitleide zu berichten weiss: er, der uns damit zum Glauben an seine grosse Neuigkeit bringen möchte, das Mitleiden – eben das von ihm so mangelhaft beobachtete, so schlecht beschriebene Mitleiden – sei die Quelle aller und jeder ehemaligen und zukünftigen moralischen Handlung – und gerade um der Fähigkeiten willen, die er ihm erst *angedichtet* hat. – Was unterscheidet schliesslich die Menschen ohne Mitleid von den mitleidigen? Vor Allem – um auch hier nur im Groben zu zeichnen – haben sie nicht die reizbare Phantasie der Furcht, das feine Vermögen der Witterung für Gefahr; auch ist ihre Eitelkeit nicht so schnell beleidigt, wenn Etwas geschieht, das sie verhindern könnten (ihre Vorsicht des Stolzes gebietet ihnen, sich nicht unnütz in fremde Dinge zu mischen, ja sie lieben es von sich selbst aus, dass Jeder sich selber helfe und seine eigenen Karten spiele). Zudem sind sie an das Ertragen von Schmerzen meistens gewöhnter, als die Mitleidigen; auch will es ihnen nicht so unbillig dünken, dass Andere leiden, da sie selber gelitten haben. Zuletzt ist ihnen der Zustand der Weichherzigkeit peinlich, wie den Mitleidigen der Zustand des stoischen Gleichmuthes; sie belegen ihn mit herabsetzenden Worten und meinen, dass ihre Männlichkeit und kalte Tapferkeit dabei in Gefahr sei, – sie verheimlichen die Thräne vor Anderen und wischen sie ab, unwillig über sich selber. Es ist eine *andere* Art von Egoisten, als die Mitleidigen; – sie aber im ausgezeichneten Sinne *böse*, und die Mitleidigen *gut* zu nennen, ist Nichts, als eine moralische Mode, welche ihre Zeit hat: wie auch die umgekehrte Mode ihre Zeit gehabt hat, und eine lange Zeit!

134. *In wie fern man sich vor dem Mitleiden zu hüten hat.* – Das Mitleiden, sofern es wirklich Leiden schafft – und diess sei hier unser einziger Gesichtspunct –, ist eine Schwäche, wie jedes Sich-verlieren an einen *schädigenden* Affect. Es *vermehrt* das Leiden in der Welt: mag mittelbar auch hie und da in Folge des Mitleidens ein Leiden verringert oder gehoben werden, so darf man diese gelegentlichen und im Ganzen unbedeutenden Folgen nicht benutzen, um sein Wesen zu rechtfertigen, welches, wie gesagt, schädigend ist. Gesetzt, es herrschte auch nur Einen Tag: so gienge die Menschheit an ihm sofort zu Grunde. An sich hat es so wenig einen guten Charakter, wie irgend ein Trieb: erst dort, wo es gefordert und gelobt wird – und diess geschieht dort, wo man das Schädigende in ihm nicht begreift, aber eine *Quelle der Lust* darin entdeckt –, hängt sich ihm das gute Gewissen an, erst dann giebt man sich ihm gern hin und scheut nicht seine Kundgebung. Unter anderen Verhältnissen, wo begriffen wird, dass es schädigend ist, gilt es als Schwäche: oder, wie bei den Griechen, als ein krankhafter periodischer Affect, dem man durch zeitweilige willkürliche Entladungen seine Gefährlichkeit nehmen könne. – Wer einmal, versuchsweise, den Anlässen zum Mitleiden im praktischen

Leben eine Zeitlang absichtlich nachgeht und sich alles
Elend, dessen er in seiner Umgebung habhaft werden
kann, immer vor die Seele stellt, wird unvermeidlich
krank und melancholisch. Wer aber gar als Arzt *in irgend
einem Sinne* der Menschheit dienen will, wird gegen jene
Empfindung sehr vorsichtig werden müssen, – sie lähmt
ihn in allen entscheidenden Augenblicken und unterbin-
det sein Wissen und seine hülfreiche feine Hand.

135. *Das Bemitleidetwerden.* – Unter Wilden denkt
man mit moralischem Schauder an's Bemitleidetwerden:
da ist man aller Tugend bar. Mitleid-gewähren heisst so
viel wie Verachten: ein verächtliches Wesen will man
nicht leiden sehen, es gewährt diess keinen Genuss. Dagegen einen Feind leiden zu sehen, den man als ebenbür-
tig-stolz anerkennt und der unter Martern seinen Stolz
nicht preisgiebt, und überhaupt jedes Wesen, welches
sich nicht zum Mitleid-Anrufen, das heisst zur schmäh-
lichsten und tiefsten Demüthigung verstehen will, – das
ist ein Genuss der Genüsse, dabei erhebt sich die Seele des
Wilden zur *Bewunderung*: er tödtet zuletzt einen solchen
Tapferen, wenn er es in der Hand hat, und giebt ihm, dem
Ungebrochenen, seine letzte Ehre: hätte er gejammert,
den Ausdruck des kalten Hohnes aus dem Gesichte ver-
loren, hätte er sich verächtlich gezeigt, – nun, so hätte er
leben bleiben dürfen, wie ein Hund, – er hätte den Stolz
des Zuschauenden nicht mehr gereizt und an Stelle der
Bewunderung wäre Mitleiden getreten.

136. *Das Glück im Mitleiden.* – Wenn man, wie die
Inder, als *Ziel* der ganzen intellectuellen Thätigkeit die

Erkenntniss des menschlichen *Elendes* aufstellt und durch viele Geschlechter des Geistes hindurch einem solchen entsetzlichen Vorsatze treu bleibt: so bekommt endlich, im Auge solcher Menschen des *erblichen* Pessimismus', das *Mitleiden* einen neuen Werth, als *lebenerhaltende* Macht, um das Dasein doch auszuhalten, ob es gleich werth erscheint, vor Ekel und Grausen weggeworfen zu werden. Mitleiden wird das Gegenmittel gegen den Selbstmord, als eine Empfindung, welche Lust enthält und Überlegenheit in kleinen Dosen zu kosten giebt: es zieht von uns ab, macht das Herz voll, verscheucht die Furcht und die Erstarrung, regt zu Worten, Klagen und Handlungen an, – es ist *verhältnissmässig ein Glück*, gemessen am Elende der Erkenntniss, welche das Individuum von allen Seiten in die Enge und Dunkelheit treibt und ihm den Athem nimmt. Glück aber, welches es auch sei, giebt Luft, Licht und freie Bewegung.

137. *Warum das »Ich« verdoppeln!* – Unsere eigenen Erlebnisse mit dem Auge ansehen, mit dem wir sie anzusehen pflegen, wenn es die Erlebnisse Anderer sind, – diess beruhigt sehr und ist eine rathsame Medicin. Dagegen die Erlebnisse Anderer so ansehen und aufnehmen, *wie als ob sie die unseren wären* – die Forderung einer Philosophie des Mitleidens –, diess würde uns zu Grunde richten, und in sehr kurzer Zeit: man mache doch nur den Versuch damit und phantasire nicht länger! Gewiss ist ausserdem jene erste Maxime der Vernunft und dem guten Willen zur Vernünftigkeit *gemässer*, denn wir urtheilen über den Werth und Sinn eines Ereignisses objectiver, wenn es an Anderen hervortritt und nicht an uns:

zum Beispiel über den Werth eines Sterbefalles, eines Geldverlustes, einer Verleumdung. Mitleiden als Princip des Handelns, mit der Forderung: »leide *so* an dem Übel des Andern, wie er selber leidet«, brächte dagegen mit sich, dass der Ich-Gesichtspunct, mit seiner Übertreibung und Ausschweifung, auch noch der Gesichtspunct des Anderen, des Mitleidenden, werden müsste: sodass wir an unserem Ich und am Ich des Anderen zugleich zu leiden hätten und uns derart freiwillig mit einer doppelten Unvernunft beschwerten, anstatt die Last der eigenen so gering wie möglich zu machen.

138. *Das Zärtlicherwerden.* – Wenn wir Jemanden lieben, ehren, bewundern und nun, hinterher, finden, dass er *leidet*, – immer mit grossem Erstaunen, weil wir nicht anders denken, als dass unser von ihm herströmendes Glück aus einem überreichen Borne *eigenen* Glückes komme, – so ändert sich unser Gefühl der Liebe, Verehrung und Bewunderung in *etwas Wesentlichem*: es wird *zärtlicher*, das heisst: die Kluft zwischen ihm und uns scheint sich zu überbrücken, eine Annäherung an Gleichheit scheint Statt zu finden. Jetzt erst gilt es uns als möglich, ihm *zurückgeben* zu können, während er früher über unsere Dankbarkeit erhaben in unserer Vorstellung lebte. Es macht uns dieses Zurückgebenkönnen eine grosse Freude und Erhebung. Wir suchen zu errathen, was seinen Schmerz lindert, und geben ihm diess; will er tröstliche Worte, Blicke, Aufmerksamkeiten, Dienste, Geschenke, – wir geben es; vor Allem aber: will er uns *leidend* über sein Leid, so geben wir uns als leidend, haben aber bei alledem *den Genuss der thätigen Dankbar-*

keit: als welche, kurz gesagt, *die gute Rache ist*. Will und nimmt er gar Nichts von uns an, so gehen wir erkältet und traurig, fast gekränkt fort: es ist, als ob unsere Dankbarkeit zurückgewiesen würde, – und in diesem Ehrenpuncte ist der Gütigste noch kitzlich. – Aus dem Allen folgt, dass, selbst für den günstigsten Fall, im Leiden etwas Erniedrigendes und im Mitleiden etwas Erhöhendes und Überlegenheit-Gebendes liegt; was beide Empfindungen auf ewig von einander trennt.

139. *Angeblich höher!* – Ihr sagt, die Moral des Mitleidens sei eine höhere Moral, als die des Stoicismus'? Beweist es! aber bemerkt, dass über »höher« und »niedriger« in der Moral nicht wiederum nach moralischen Ellen abzumessen ist: denn es giebt keine absolute Moral. Nehmt also die Maassstäbe anders woher und – nun seht euch vor!

140. *Loben und Tadeln.* – Läuft ein Krieg unglücklich aus, so frägt man nach Dem, der »Schuld« am Kriege sei; geht er siegreich zu Ende, so preist man seinen Urheber. Die Schuld wird überall gesucht, wo ein Misserfolg ist; denn dieser bringt eine Verstimmung mit sich, gegen welche das einzige Heilmittel unwillkürlich angewendet wird: eine neue Erregung des *Machtgefühls* – und diese findet sich in der *Verurtheilung* des »Schuldigen«. Dieser Schuldige ist nicht etwa der Sündenbock der Schuld Anderer: er ist das Opfer der Schwachen, Gedemüthigten, Herabgestimmten, welche irgend woran sich beweisen wollen, dass sie noch Stärke haben. Auch sich selber verurtheilen kann ein Mittel sein, nach einer Niederlage sich

zum Gefühl der Stärke zu verhelfen. – Dagegen ist die Verherrlichung des *Urhebers* oftmals das ebenso blinde Ergebniss eines anderen Triebes, der sein Opfer haben will, – und diessmal riecht das Opfer dem Opferthiere selber süss und einladend –: wenn nämlich das Gefühl der Macht in einem Volke, in einer Gesellschaft durch einen grossen und bezaubernden Erfolg überfüllt ist und eine *Ermüdung am Siege* eintritt, so giebt man von seinem Stolze ab; es erhebt sich das Gefühl der *Hingebung* und sucht sich sein Object. – Ob wir *getadelt* oder *gelobt* werden, wir sind gewöhnlich dabei die Gelegenheiten, und allzuoft die willkürlich am Schopf gefassten und herbeigeschleppten Gelegenheiten für unsere Nächsten, den in ihnen angeschwollenen Trieb des Tadelns oder Lobens ausströmen zu lassen: wir erzeigen ihnen in beiden Fällen eine Wohlthat, an der wir kein Verdienst und für die sie keinen Dank haben.

141. *Schöner, aber weniger werth.* – Malerische Moralität: das ist die Moralität der steil aufschiessenden Affecte, der schroffen Übergänge, der pathetischen, eindringlichen, furchtbaren, feierlichen Gebärden und Töne. Es ist die *halbwilde* Stufe der Moralität: man lasse sich durch ihren ästhetischen Reiz nicht verlocken, ihr einen höheren Rang anzuweisen.

142. *Mitempfindung.* – Um den Anderen zu verstehen, das heisst, um *sein Gefühl in uns nachzubilden*, gehen wir zwar häufig auf den *Grund* seines so und so bestimmten Gefühls zurück und fragen zum Beispiel: *warum* ist er betrübt? – um dann aus dem selben Grunde

selber betrübt zu werden; aber viel gewöhnlicher ist es, diess zu unterlassen und das Gefühl nach den *Wirkungen*, die es am Anderen übt und zeigt, in uns zu erzeugen, indem wir den Ausdruck seiner Augen, seiner Stimme, seines Ganges, seiner Haltung (oder gar deren Abbild in Wort, Gemälde, Musik) an unserem Leibe nachbilden (mindestens bis zu einer leisen Ähnlichkeit des Muskelspiels und der Innervation). Dann entsteht in uns ein ähnliches Gefühl, in Folge einer alten Association von Bewegung und Empfindung, welche darauf eingedrillt ist, rückwärts und vorwärts zu laufen. In dieser Geschicklichkeit, die Gefühle des Andern zu verstehen, haben wir es sehr weit gebracht, und fast unwillkürlich sind wir in Gegenwart eines Menschen immer in der Übung dieser Geschicklichkeit: man sehe sich namentlich das Linienspiel in den weiblichen Gesichtern an, wie es ganz vom unaufhörlichen Nachbilden und Wiederspiegeln dessen, was um sie herum empfunden wird, erzittert und glänzt. Am deutlichsten aber zeigt uns die Musik, welche Meister wir im schnellen und feinen Errathen von Gefühlen und in der Mitempfindung sind: wenn nämlich Musik ein Nachbild vom Nachbild von Gefühlen ist und doch, trotz dieser Entfernung und Unbestimmtheit, uns noch oft genug derselben theilhaftig macht, sodass wir traurig werden, ohne den geringsten Anlass zur Trauer, wie vollkommene Narren, blos weil wir Töne und Rhythmen hören, welche irgendwie an den Stimmklang und die Bewegung von Trauernden, oder gar von deren Gebräuchen, erinnern. Man erzählt von einem dänischen König, dass er von der Musik eines Sängers so in kriegerische Begeisterung hineingerissen wurde, dass er aufsprang und fünf Personen seines versammelten Hofstaates tödtete: es gab keinen Krieg, keinen Feind, vielmehr von Allem das Gegentheil, aber die *vom Gefühle zur Ursache zurückschliessende* Kraft war stark genug, um den Augenschein und die Vernunft zu überwältigen. Allein, diess ist eben fast immer die Wirkung der Musik (gesetzt, dass sie eben *wirkt* –) und man braucht so paradoxer Fälle nicht, um diess einzusehen: der Zustand des Gefühls, in den uns die Musik bringt, ist fast jedesmal im Widerspruch mit dem Augenschein unserer wirklichen Lage und der Vernunft, welche diese wirkliche Lage und ihre Ursachen erkennt. – Fragen wir, wodurch die Nachbildung der Gefühle Anderer uns so geläufig geworden ist, so bleibt kein Zweifel über die Antwort: der Mensch, als das furchtsamste aller Geschöpfe, vermöge seiner feinen und zerbrechlichen Natur, hat in seiner *Furchtsamkeit* die Lehrmeisterin jener Mitempfindung, jenes schnellen Verständnisses für das Gefühl des Andern (auch des Thieres) gehabt. In langen Jahrtausenden sah er in allem Fremden und Belebten eine Gefahr: er bildete sofort bei einem solchen Anblick den Ausdruck der Züge und der Haltung nach und machte seinen Schluss über die Art der bösen Absicht hinter diesen Zügen und dieser Haltung. Dieses Ausdeuten aller Bewegungen und Linien *auf Absichten* hat der Mensch sogar auf die Natur der unbeseelten Dinge angewendet – im Wahne, dass es nichts Unbeseeltes gebe: ich glaube, Alles, was wir *Naturgefühl* nennen, beim Anblick von Himmel, Flur, Fels, Wald, Gewitter, Sternen, Meer, Landschaft, Frühling, hat hier seine Herkunft, – ohne die uralte Übung der Furcht, diess Alles auf einen zweiten dahinterliegenden

Sinn hin zu sehen, hätten wir jetzt keine Freude an der Natur, wie wir keine Freude an Mensch und Thier haben würden, ohne jene Lehrmeisterin des Verstehens, die Furcht. Die Freude und das angenehme Erstaunen, endlich das Gefühl des Lächerlichen, sind nämlich die später geborenen Kinder der Mitempfindung und die viel jüngeren Geschwister der Furcht. – Die Fähigkeit des raschen Verstehens – welche somit auf der Fähigkeit beruht, *sich rasch zu verstellen* – nimmt bei stolzen selbstherrlichen Menschen und Völkern ab, weil sie weniger Furcht haben: dagegen sind alle Arten des Verstehens und Sich-Verstellens unter den ängstlichen Völkern zu Hause; hier ist auch die rechte Heimath der nachahmenden Künste und der höheren Intelligenz. – Wenn ich von einer solchen Theorie der Mitempfindung aus, wie ich sie hier vorschlage, an die jetzt gerade beliebte und heilig gesprochene Theorie eines mystischen Processes denke, vermöge dessen das *Mitleid* aus zwei Wesen eines macht und dergestalt dem einen das unmittelbare Verstehen des anderen ermöglicht: wenn ich mich erinnere, dass ein so heller Kopf wie der Schopenhauer's an solchem schwärmerischen und nichtswürdigen Krimskrams seine Freude hatte und diese Freude wieder auf helle und halbhelle Köpfe übergepflanzt hat: so weiss ich der Verwunderung und des Erbarmens kein Ende. Wie gross muss unsere Lust am unbegreiflichen Unsinn sein! Wie nahe dem Verrückten steht immer noch der ganze Mensch, wenn er auf seine *geheimen* intellectuellen Wünsche hinhört! – (*Wofür* eigentlich fühlte sich Schopenhauer gegen Kant so dankbar gestimmt, so tief verpflichtet? Es verräth sich einmal ganz unzweideutig: Jemand hatte davon gesprochen, wie dem kategorischen Imperative Kant's die qualitas occulta genommen und er *begreiflich* gemacht werden könne. Darüber bricht Schopenhauer in diese Worte aus: »Begreiflichkeit des kategorischen Imperativs! Grundverkehrter Gedanke! Ägyptische Finsterniss! Das verhüte der Himmel, dass der nicht noch begreiflich werde! Eben dass es ein Unbegreifliches giebt, dass *dieser Jammer des Verstandes* und seine Begriffe begränzt, bedingt, endlich, trüglich ist; diese Gewissheit ist Kant's grosses Geschenk.« – Man erwäge, ob Jemand einen guten Willen zur Erkenntniss der moralischen Dinge hat, der von vornherein durch den Glauben an die *Unbegreiflichkeit* dieser Dinge sich beseligt fühlt! Einer, der noch ehrlich an Erleuchtungen von Oben, an Magie und Geistererscheinungen und die metaphysische Hässlichkeit der Kröte glaubt!)

143. *Wehe, wenn dieser Trieb erst wüthet!* – Gesetzt, der Trieb der Anhänglichkeit und Fürsorge für Andere (die »sympathische Affection«) wäre doppelt so stark, als er ist, so wäre es gar nicht auf der Erde *auszuhalten*. Man bedenke doch nur, was jeder aus Anhänglichkeit und Fürsorge *für sich selber* an Thorheiten begeht, täglich und stündlich, und wie unausstehlich er dabei anzusehen ist: wie wäre es, wenn *wir für Andere* das Object dieser Thorheiten und Zudringlichkeiten würden, mit denen sie sich bisher nur selber heimgesucht haben! Würde man dann nicht blindlings flüchten, sobald ein »Nächster« uns nahe käme? Und die sympathische Affection mit ebenso bösen Worten belegen, mit denen wir jetzt den Egoismus belegen?

144. *Die Ohren vor dem Jammer zuhalten.* – Wenn wir uns durch den Jammer und das Leiden der anderen Sterblichen verdüstern lassen und unsern eigenen Himmel mit Wolken bedecken, wer hat dann die Folgen dieser Verdüsterung zu tragen? Eben doch die anderen Sterblichen, und zu allen ihren Lasten noch hinzu! Wir können weder *hülfreich* noch *erquicklich* für sie sein, wenn wir das Echo ihres Jammers sein wollen, ja auch wenn wir immer nur nach ihm hin unser Ohr richten, – es sei denn, dass wir die Kunst der Olympier erlernten und uns fürderhin am Unglück der Menschen *erbauten*, anstatt daran unglücklich zu werden. Das ist aber etwas zu olympierhaft für uns: obwohl wir, mit dem Genuss der Tragödie, schon einen Schritt nach diesem idealischen Götter-Kanibalenthum gethan haben.

145. *»Unegoistisch!«* – Jener ist hohl und will voll werden, Dieser ist überfüllt und will sich ausleeren, – Beide treibt es, sich ein Individuum zu suchen, das ihnen dazu dient. Und diesen Vorgang, im höchsten Sinne verstanden, nennt man beidemal mit Einem Worte: Liebe, – wie? die Liebe sollte etwas Unegoistisches sein?

146. *Auch über den Nächsten hinweg.* – Wie? Das Wesen des wahrhaft Moralischen liege darin, dass wir die nächsten und unmittelbarsten Folgen unserer Handlungen für den Anderen ins' Auge fassen und uns darnach entscheiden? Diess ist nur eine enge und kleinbürgerliche Moral, wenn es auch Moral sein mag: aber höher und freier scheint es mir gedacht, auch über diese nächsten Folgen für den Anderen *hinwegzusehen* und entferntere

Zwecke unter Umständen *auch durch das Leid des Anderen* zu fördern, – zum Beispiel die Erkenntniss zu fördern, auch trotz der Einsicht, dass unsere Freigeisterei zunächst und unmittelbar die Anderen in Zweifel, Kummer und Schlimmeres werfen wird. Dürfen wir unseren Nächsten nicht wenigstens so behandeln, wie wir uns behandeln? Und wenn wir bei uns nicht so eng und kleinbürgerlich an die unmittelbaren Folgen und Leiden denken: warum *müssten* wir es bei ihm thun? Gesetzt, wir hätten den Sinn der Aufopferung für uns: was würde uns verbieten, den Nächsten mit aufzuopfern? – so wie es bisher der Staat und der Fürst thaten, die den einen Bürger den anderen zum Opfer brachten, »der allgemeinen Interessen wegen«, wie man sagte. Aber auch wir haben allgemeine und vielleicht allgemeinere Interessen: warum sollten den kommenden Geschlechtern nicht einige Individuen der gegenwärtigen Geschlechter zum Opfer gebracht werden dürfen? sodass ihr Gram, ihre Unruhe, ihre Verzweiflung, ihre Fehlgriffe und Angstschritte für nöthig befunden würden, weil eine neue Pflugschar den Boden brechen und fruchtbar für Alle machen solle? – Endlich: wir theilen zugleich die Gesinnung an den Nächsten mit, in der er *sich als Opfer fühlen* kann, wir überreden ihn zu der Aufgabe, für die wir ihn benützen. Sind wir denn ohne Mitleid? Aber wenn wir auch *über unser Mitleid hinweg* gegen uns selber den Sieg erringen wollen, ist diess nicht eine höhere und freiere Haltung und Stimmung, als jene, bei der man sich sicher fühlt, wenn man herausgebracht hat, ob eine Handlung dem Nächsten *wohl oder wehe thut*? Wir dagegen würden doch durch das Opfer – in welchem wir *und die*

Nächsten einbegriffen sind – das allgemeine Gefühl der menschlichen *Macht* stärken und höher heben, gesetzt auch, dass wir nicht Mehr erreichten. Aber schon diess wäre eine positive Vermehrung des *Glückes*. – Zuletzt, wenn diess sogar – – doch hier kein Wort mehr! Ein Blick genügt, ihr habt mich verstanden.

147. *Ursache des »Altruismus«.* – Von der Liebe haben die Menschen im Ganzen desshalb so emphatisch und vergöttlichend gesprochen, *weil sie Wenig davon gehabt haben* und sich niemals an dieser Kost satt essen durften: so wurde sie ihnen »Götterkost«. Möge ein Dichter einmal im Bilde einer Utopie die *allgemeine Menschenliebe* als vorhanden zeigen: gewiss, er wird einen qualvollen und lächerlichen Zustand zu beschreiben haben, dessengleichen die Erde noch nicht sah, – Jedermann nicht von Einem Liebenden umschwärmt, belästigt und ersehnt, wie es jetzt vorkommt, sondern von Tausenden, ja von Jedermann, vermöge eines unbezwingbaren Triebes, den man dann ebenso beschimpfen und verfluchen wird, wie es die ältere Menschheit mit der Selbstsucht gethan hat; und die Dichter jenes Zustandes, wenn man ihnen zum Dichten die Ruhe lässt, von Nichts träumend als von der seligen liebelosen Vergangenheit, der göttlichen Selbstsucht, der einstmals auf Erden noch möglichen Einsamkeit, Ungestörtheit, Unbeliebtheit, Gehasstheit, Verachtetheit und wie immer die ganze Niedertracht unserer lieben Thierwelt heisst, in der wir leben.

148. *Ausblick in die Ferne*. – Sind nur die Handlungen moralisch, wie man wohl definirt hat, welche um des Anderen willen und nur um seinetwillen gethan werden, so giebt es keine moralischen Handlungen! Sind nur die Handlungen moralisch – wie eine andere Definition lautet –, welche in Freiheit des Willens gethan werden, so giebt es ebenfalls keine moralischen Handlungen! – Und was ist also Das, was man so *nennt* und das doch jedenfalls existirt und erklärt sein will? Es sind die Wirkungen einiger intellectueller Fehlgriffe. – Und gesetzt, man machte sich von diesen Irrthümern frei, was würde aus den »moralischen Handlungen«? – Vermöge dieser Irrthümer theilten wir bisher einigen Handlungen einen höheren Werth zu, als sie haben: wir trennten sie von den »egoistischen« und den »unfreien« Handlungen ab. Wenn wir sie jetzt diesen wieder zuordnen, wie wir thun müssen, so *verringern* wir gewiss ihren Werth (ihr Werthgefühl), und zwar unter das billige Maass hinab, weil die »egoistischen« und »unfreien« Handlungen bisher zu niedrig geschätzt wurden, auf Grund jener angeblichen tiefsten und innerlichsten Verschiedenheit. – So werden gerade sie von jetzt ab weniger oft gethan werden, weil sie von nun an weniger geschätzt werden? – Unvermeidlich! Wenigstens für eine gute Zeit, so lange die Wage des Werthgefühls unter der Reaction früherer Fehler steht! Aber unsere Gegenrechnung ist die, dass wir den Menschen den guten Muth zu den als egoistisch verschrieenen Handlungen zurückgeben und den *Werth* derselben wiederherstellen, – *wir rauben diesen das böse Gewissen*! Und da diese bisher weit die häufigsten waren und in alle Zukunft es sein werden, so nehmen wir dem ganzen

Bilde der Handlungen und des Lebens seinen *bösen An-schein*! Diess ist ein sehr hohes Ergebniss! Wenn der Mensch sich nicht mehr für böse hält, hört er auf, es zu sein!

Seid mir gewarnt vor dem Mitleiden[*]

Von Friedrich Nietzsche

Meine Freunde, es kam eine Spottrede zu eurem Freunde: »seht nur Zarathustra! Wandelt er nicht unter uns wie unter Thieren?«

Aber so ist es besser geredet: »der Erkennende wandelt unter Menschen *als* unter Thieren.«

Der Mensch selber aber heisst dem Erkennenden: das Thier, das rothe Backen hat.

Wie geschah ihm das? Ist es nicht, weil er sich zu oft hat schämen müssen?

Oh meine Freunde! So spricht der Erkennende: Scham, Scham, Scham – das ist die Geschichte des Menschen!

Und darum gebeut sich der Edle, nicht zu beschämen: Scham gebeut er sich vor allem Leidenden.

Wahrlich, ich mag sie nicht, die Barmherzigen, die selig sind in ihrem Mitleiden: zu sehr gebricht es ihnen an Scham.

Muss ich mitleidig sein, so will ich's doch nicht heissen; und wenn ich's bin, dann gern aus der Ferne.

Gerne verhülle ich auch das Haupt und fliehe davon, bevor ich noch erkannt bin: und also heisse ich euch thun, meine Freunde!

Möge mein Schicksal mir immer Leidlose, gleich euch, über den Weg führen, und Solche, mit denen mir Hoffnung und Mahl und Honig gemein sein *darf*!

[*] Aus: *Also sprach Zarathustra* (1883)

Wahrlich, ich that wohl Das und Jenes an Leidenden: aber Besseres schien ich mir stets zu thun, wenn ich lernte, mich besser freuen.

Seit es Menschen giebt, hat der Mensch sich zu wenig gefreut: Das allein, meine Brüder ist unsre Erbsünde!

Und lernen wir besser uns freuen, so verlernen wir am besten, Andern wehe zu thun und Wehes auszudenken.

Darum wasche ich mir die Hand, die dem Leidenden half, darum wische ich mir auch noch die Seele ab.

Denn dass ich den Leidenden leidend sah, dessen schämte ich mich um seiner Scham willen; und als ich ihm half, da vergieng ich mich hart an seinem Stolze.

Grosse Verbindlichkeiten machen nicht dankbar, sondern rachsüchtig; und wenn die kleine Wohlthat nicht vergessen wird, so wird noch ein Nage-Wurm daraus.

»Seid spröde im Annehmen! Zeichnet aus damit, dass ihr annehmt!« – also rathe ich Denen, die Nichts zu verschenken haben.

Ich aber bin ein Schenkender: gerne schenke ich, als Freund den Freunden. Fremde aber und Arme mögen sich die Frucht selber von meinem Baume pflücken: so beschämt es weniger.

Bettler aber sollte man ganz abschaffen! Wahrlich, man ärgert sich ihnen zu geben und ärgert sich ihnen nicht zu geben.

Und insgleichen die Sünder und bösen Gewissen! Glaubt mir, meine Freunde: Gewissensbisse erziehn zum Beissen.

Das Schlimmste aber sind die kleinen Gedanken. Wahrlich, besser noch bös gethan, als klein gedacht!

Zwar ihr sagt: »die Lust an kleinen Bosheiten erspart

uns manche grosse böse That.« Aber hier sollte man nicht sparen wollen.

Wie ein Geschwür ist die böse That: sie juckt und kratzt und bricht heraus, – sie redet ehrlich.

»Siehe, ich bin Krankheit« – so redet die böse That; das ist ihre Ehrlichkeit.

Aber dem Pilze gleich ist der kleine Gedanke: er kriecht und duckt sich und will nirgendswo sein – bis der ganze Leib morsch und welk ist vor kleinen Pilzen.

Dem aber, der vom Teufel besessen ist, sage ich diess Wort in's Ohr: »besser noch, du ziehest deinen Teufel gross! Auch für dich giebt es noch einen Weg der Grösse!« –

Ach, meine Brüder! Man weiss von Jedermann Etwas zu viel! Und Mancher wird uns durchsichtig, aber desshalb können wir noch lange nicht durch ihn hindurch.

Es ist schwer, mit Menschen zu leben, weil Schweigen so schwer ist.

Und nicht gegen Den, der uns zuwider ist, sind wir am unbilligsten, sondern gegen Den, welcher uns gar Nichts angeht.

Hast du aber einen leidenden Freund, so sei seinem Leiden eine Ruhestätte, doch gleichsam ein hartes Bett, ein Feldbett: so wirst du ihm am besten nützen.

Und thut dir ein Freund Übles, so sprich: »Ich vergebe dir, was du mir thatest; dass du es aber *dir* thatest, – wie könnte ich das vergeben!

Also redet alle grosse Liebe: die überwindet auch noch Vergebung und Mitleiden.

Man soll sein Herz festhalten; denn lässt man es gehn, wie bald geht Einem da der Kopf durch!

Ach, wo in der Welt geschahen grössere Thorheiten, als bei den Mitleidigen? Und was in der Welt stiftete mehr Leid, als die Thorheiten der Mitleidigen?

Wehe allen Liebenden, die nicht noch eine Höhe haben, welche über ihrem Mitleiden ist!

Also sprach der Teufel einst zu mir: »auch Gott hat seine Hölle: das ist seine Liebe zu den Menschen.«

Und jüngst hörte ich ihn diess Wort sagen: »Gott ist todt; an seinem Mitleiden mit den Menschen ist Gott gestorben.« –

So seid mir gewarnt vor dem Mitleiden: *daher* kommt noch den Menschen eine schwere Wolke! Wahrlich, ich verstehe mich auf Wetterzeichen!

Merket aber auch diess Wort: alle grosse Liebe ist noch über all ihrem Mitleiden: denn sie will das Geliebte noch – schaffen!

»Mich selber bringe ich meiner Liebe dar, *und meinen Nächsten gleich mir*« – so geht die Rede allen Schaffenden.

Alle Schaffenden aber sind hart. –

Also sprach Zarathustra.

Die Urform der Menschenliebe*

Von Hermann Cohen

Die Liebe ist keine Selbstverständlichkeit. Sie muß erst erklärt und ergründet werden an jedem Punkte der Religion, sowohl als Liebe Gottes, wie als Liebe zu Gott, wie endlich auch als Liebe von Mensch zu Mensch.

Der Fehler, der in der Auffassung der religiösen Liebe als einer Selbstverständlichkeit besteht, zeigt sich auch darin, daß man das Verhältnis der drei Grundformen zueinander nicht zum Problem macht. Wir müssen fragen: welche dieser drei Grundformen bildet den Anfang und zwar das sachliche Fundament?

Nach dem Polytheismus würde die Antwort auf die Seite der Götter fallen. Das mythische, wie alles metaphysische Bewußtsein fängt immer mit den Göttern an, die den Uranfang bilden, wie das Chaos für den Kosmos. Die Liebe zu Gott kennt der Mythos nicht, dagegen läßt er die einzelnen Götter ihre Göttersöhne lieben. Man sollte denken, daß der Monotheismus, der alles insgesamt von dem einzigen Gotte ausgehen läßt, erst recht auch die Liebe in Gott entspringen lassen sollte, von dem sie alsdann auf die Menschen übertragen, von ihnen nachgeahmt würde. Es scheint dagegen, daß das Umgekehrte das richtige Sachverhältnis ausmacht. Und auch hier wiederum läßt sich der ethisch wichtige Unterschied

---

* Aus: *Religion der Vernunft aus den Quellen des Judentums* (1919, ²1928)

166

zwischen der Religion und allem Polytheismus erkennen.

Vom Fremdling her ist es uns jetzt bereits bekannt, daß der Monotheismus mit der Menschenliebe begonnen hat. Die Fremdengesetzgebung hat uns den Weg gewiesen zur Auffindung der geschichtlichen Quellen der Nächstenliebe. Im Fremdling wurde zuallererst der Mitmensch entdeckt. Und das Mitleid erwachte zuallererst vor dem Fremdling. Dieses Mitleid ist daher die Urform der Menschenliebe. »Ihr sollt den Fremdling lieben.« Dafür lautet die erste Begründung: »denn Fremdlinge seid ihr gewesen im Lande Ägypten.« So wird aus dem geschichtlichen Bewußtsein heraus das geforderte neue Gefühl lebendig gemacht. So wenig als die Erinnerung abschreckend aufkommen darf an die Sklaverei in Ägypten, so wenig darf bei dem Fremdling nach seinen moralischen Qualitäten gefragt werden, geschweige nach seinen religiösen. Nur der Mitmensch soll in ihm zur Entdeckung gebracht werden. So tritt hier sogleich direkt das Mitleid als Liebe auf.

Es ist eine andere Begründung, welche sich auf Gott beruft: »Gott liebt den Fremdling.« Man sieht es hier deutlich, daß diese die spätere ist. Erst muß der Mensch den Fremdling lieben lernen, wenn er verstehen soll, daß Gott den Fremdling liebt. Zuerst muß im Menschen als Mitleid die Liebe erweckt werden. Dieses Mitleid fehlt ja hier gar nicht, wenngleich es scheinbar nur als Liebe auftritt. »Denn ihr kennt das Gemüt des Fremdlings.« So wird das eigene Gemüt angerufen; ihr wisset, wie es dem Fremdling zu Mute ist. Das ist aber der Rekurs auf das Mitleid. Und doch bildet der Fremdling nur erst die

Vorstufe, wie sie in den politischen Begriffen überhaupt gelegen ist für die sozialen Begriffe, in denen die politischen erst zu ihrer Reife kommen.

Vor der Armut verschärft sich die Frage; denn die Armut ist überall ein allgemeines Menschenlos, während der Fremdling nur einen Spezialfall bildet. Aber die Verschärfung führt zur Klärung. Liebt nun zuerst Gott den Armen, oder muß zuerst der Mensch den Armen lieben? Die genaue Beantwortung dieser Frage muß zur genauen Beantwortung der anderen Frage führen: liebt zuerst Gott den Menschen, oder liebt zuerst der Mensch den einzigen Gott?

Die Armut ist ein ökonomischer Grundbegriff. Das Leiden der Armut entsteht daher innerhalb der menschlichen Sittenverfassung und im Zusammenhang mit der ökonomischen Wissenschaft. So muß auch das Mitleid des Menschen am Menschen ein ursprüngliches sein. Die Korrelation von Mensch zu Mensch bewährt sich in ihrer prinzipiellen Kraft. Und diese Einsicht füllt so sehr das ganze Kulturbewußtsein des Menschen aus, sobald dieses nur anfängt sich zu bilden, daß alle anderen Rücksichten vom Menschen, geschweige von Gott dagegen zurücktreten. Das Mitleid wird wachgerufen, als die neue Urform der Menschlichkeit, als Liebe.

Der Mensch beginnt im Mitleid den Menschen zu lieben, den Nebenmenschen zu verwandeln in den Mitmenschen. Was der Ethik nicht gelang, gelingt der Religion. Die Liebe zum Menschen wird hervorgebracht. Wie ein Wunder, wie ein Rätsel entsteigt sie dem Haupte, vielmehr dem Herzen des Menschen. Wie kann der selbstsüchtige Mensch einen andern lieben, derselbe Mensch, der ja angeblich nur das Weib lieben kann, das Fleisch von seinem Fleische? Ist sie nicht eine Illusion, diese Übertragung, diese Metapher der Geschlechtsliebe? Nein, als Mitleid hört die Liebe auf, den Verdacht einer Metapher an sich zu tragen. Vor der Armut entsteht dem wissenschaftlichen Bewußtsein das Problem des Mitmenschen. Denn der Nebenmensch wird hier zum Widerspruch in sich selbst, da er vielmehr ein Untermensch ist. Die Anomalie scheint hier Gesetz zu sein. So unbegreiflich es scheint, so wird es doch aus dem Zusammenhange der Richtungen des Bewußtseins verständlich, daß das Mitleid als eine wahrhaftige Liebe in ihm entsteht. Diese Einsicht hat das Leiden enthüllt. Und diese Enthüllung hat das ganze Bewußtsein ergriffen.

Das Leiden hat sich in dieser Einsicht gleichsam als das Wesen des Menschen offenbart. Nicht der Leib ist es, der leidet und hungert, sondern aus seinem ganzen Gleichgewichte wird das Problem des Menschen und seines Kulturbewußtseins gerissen.

Dieses Leiden geht über alles Leiden der Tragödie. Willst du wissen, was der Mensch sei, so erkenne sein Leiden. Dies ist nicht mehr eine Metaphysik des Pessimismus, sondern auf Grund der sozialen Einsicht wird die Armut im Menschen personifiziert. Und daher fängt alles, fängt der Mensch selbst mit dieser sozialen Liebe, diesem sozialen Mitleid mit der Armut an. So wird es ganz außer Zweifel gestellt, daß die Liebe, als religiöse Liebe mit der Menschenliebe beginnt.

Zuerst lehrt sie den Menschen, die Menschen zu lieben. Zuerst lehrt sie, in der Armut das Leiden des Menschen zu erkennen. Zuerst lehrt sie daher, entsprechend dieser sozialen Einsicht vom Leiden, das Urgefühl des Menschen im Mitleid zu entzünden. Zuerst lehrt sie daher, im Mitleid den wahrhaften Sinn der religiösen Liebe zu begründen und diese Liebe in ihrer Wahrhaftigkeit genau zu unterscheiden von allen Zweideutigkeiten der Wollust und auch von der mit dieser verschlungenen ästhetischen Lust. Zuerst lehrt sie daher im Mitmenschen den Menschen zu entdecken.

Die Liebe zum Menschen muß deshalb den Anfang machen, weil Gott zwar den Menschen geschaffen hat, den Mitmenschen aber der Mensch sich selbst zu erschaffen hat. Und zu dieser Schöpfung muß die Religion verhelfen. So muß Gott zum zweiten Male Schöpfer werden, indem er den Menschen als Mitmenschen durch den Menschen selbst, durch den Vernunftanteil der Religion zu erschaffen lehrt. Jetzt erst, nachdem der Mensch gelernt hat, den Menschen als Mitmenschen zu lieben, wird der Gedanke auf Gott zurückbezogen: daß Gott den Menschen liebt, und zwar den Armen in derselben Bevorzugung, wie er den Fremdling liebt. Der Fremdling steht ja auch selten allein bei der Liebe Gottes, sondern meistens sind ihm beigesellt die Waise und die Witwe. Sie sind die Typen, die Vertreter der Armut, und der Anruf geht von ihnen noch konkreter aus als von dem Armen, der doch immer nur eine ökonomische Abstraktion ist. Indessen werden wir sehen, daß auch diese Abstraktion lebendig wird. Das soziale Gewissen wird immer klarer und kräftiger. Die Propheten werden immer dringlicher in der Bekämpfung des Reichtums und des Luxus, und ihr soziales Mitgefühl wird immer aktueller politisch und daher religiös immer tiefer.

Die Gottesverehrung, der Gottesdienst würde ihnen zu einem Theaterspiel, wie es im Heidentum Brauch ist (– in den Dionysien ist das Drama entstanden –), wenn dieses soziale Mitleid nicht sein Grundaffekt wäre. Der höchste Festtag selbst, an dem das Fasten Brauch und Gesetz ist, wird vom zweiten Jesaja als nichtig verurteilt, wenn nicht das soziale Mitleid das ganze Leben beherrscht. »Wenn du einen Nackten siehst, daß du ihn kleidest, und deinem Fleische dich nicht entziehst.« Dies ist die neue Einsicht, die der wahrhafte Monotheismus erbringt: der Arme ist dein Fleisch. Du selbst bestehst nicht in deinem Leibe, und auch dein Weib, der Gegenstand deiner Geschlechtsliebe, ist nicht mehr nur allein dein Fleisch, sondern der Arme ist dein Fleisch. Er bringt dir den Mitmenschen zur Offenbarung. Und der Mitmensch, als der Arme, bringt erst die Liebe Gottes zum Menschen in das rechte Licht und zum wahrhaften Verständnis.

Freilich sind für Gott alle Menschen arm. Aber in diesem Einwand steckt eben noch die alte Zweideutigkeit, welche die Liebe Gottes zu den Menschen noch als eine Selbstverständlichkeit behandelt. In der Tat ist ja der Mensch das Geschöpf Gottes. Und wie die Elternliebe natürlich und als solche selbstverständlich ist, so könnte auch Gottes Liebe nur als eine Konsequenz seines Schöpferbegriffs erscheinen. Die religiöse Liebe ist jedoch mehr als lediglich eine logische Konsequenz der Schöpfung. Sie hört allein dadurch auf, eine Selbstverständlichkeit zu sein, daß sie erst ihre eigene Bedeutung gewinnt an dem Mitleid mit der Armut, der Urform der Menschenliebe.

Mitleid und Mitfreude und
Modi ihrer Arten[*]

Von Max Scheler

Was die *Modi* des Mitleidens betrifft, so macht schon die
Sprache charakteristische Unterschiede. Es gibt z.B. ein
»Erbarmen«, ein bloßes »Bedauern«, ein »Teilnehmen«,
sowie in der Art des Gegebenseins die Unterschiede, die
zum Ausdruck kommen in: »Ich nahm daran teil« und
»Teilnahme, Mitleid ergriff mich«, oder noch stärker:
»Jenes Leid rührte mein Herz« – dort mehr von uns
spontan ausgehend, hier das fremde Leid gleichsam auf
uns zuströmend. Die stärkste Form des Mitleids ist das
»Erbarmen«. Das »Bedauern« ist sein Gegenteil und ist
so distanziert und kalt, daß die Wendung »ich bedaure
sehr« sogar zu einer höflichen Ablehnungsform erbete-
ner oder erwünschter Hilfe geworden ist. Das bloße
»Bedauern« ist vor allem nicht fähig, zum Wollen zu
treiben. Es läßt sich am Wunsche genügen. Schon »Teilnahme« ist stärker als »Bedauern«.

Sehr eigentümlich ist die oft hervorgehobene Tatsache,
daß Mitleid und Mitfreude sich ungemein in dem Aus-
maße der Verbreitung unterscheiden, die sie besitzen.
»Mitleid« ist ein *echtes*, aus der Natur der Sprache ge-
wachsenes Wort; »Mitfreude« ist eine schwächliche
Analogiebildung dazu. Für Arten des Mitleids gibt es in
den meisten Sprachen *viele* Worte – nicht für Arten des

[*] Aus: *Wesen und Formen der Sympathie* (1923)

Mitfreuens. Dies deutet auf alle Fälle darauf hin, daß das Mitleid weit verbreiteter ist als die Mitfreude.[1] Auch in der Ethik wurde »Mitleid« immer weit mehr genannt, oft auch mehr geschätzt als »Mitfreude«. Der Grund hierfür ist sehr schwierig zu bestimmen. 1. Der metaphysische Grund der Pessimisten, es sei auch die Leidenssphäre viel größer als die Glückssphäre, oder es sei Unlust ein positiver, Lust nur ein negativer Zustand, ist ganz unbewiesen. 2. Es wird auch gesagt, die Teilnahme für das Leiden sei darum größer, da sie oft der das Teilnehmen erleichternde Gedanke begleite: »gut, daß es *mir* nicht so geht«, wogegen die Mitfreude durch den leicht aufkeimenden Neid gehemmt sei. Diese Begründung beruht auf richtiger Beobachtung, ist aber ganz unzureichend, da sie mit *echter* Teilnahme sicher unvereinbar ist. 3. Man könnte auch denken, das Anwendungsgebiet des Mitleids sei größer durch die Tatsachen des Schmerzes, dem kein so steigerungsfähiges und allgemein über den ganzen Organismus verbreitetes sinnliches Lustgefühl entspräche; besonders auch keines, das automatisch unmittelbar zur Äußerung kommt. Jeder Teil des Körpers ist des Schmerzes fähig, nicht so der sinnlichen Lust, sicher nicht in denselben Graden und Steigerungsverhältnissen. Auch ist, was Schmerz bereitet, allgemein leichter zu bestimmen, als was sinnliche Lust bereitet; und dies letztere ist wechselnder nach Völkern und Zeitaltern als das erstere. Aber diese Unterschiede bestehen wohl für die Gefühlsempfindungen, nicht aber bezüglich der Modi des Lebensgefühls und der geistigen Gefühle. Und doch weicht die Verbreitung auch hier in obigem Sinne ab. 4. Die genannte sprachliche Tatsache könnte aber auch nur in der verschiedenen d.h. *höheren sozialen Wertschätzung* des Mitleids vor der Mitfreude, nicht deren tatsächlicher Verbreitung liegen, die Schätzung aber sich wieder nach der größeren *praktischen* Bedeutung des Mitleids richten. Mitleid wird Ursache von hilfreichem Tun und wird darum von jedem, soweit er Sympathieempfänger ist und gleichzeitig utilitarisch urteilt, höher geschätzt als Mitfreude, die keinen so unmittelbar praktischen Effekt hat. Dies scheint mir nun in der Tat der eigentliche Grund für jenen Unterschied. Der reine ethische Wert der Mitfreude ist in seiner Eigenschaft als Mitgefühlsakt dem des Mitleids völlig gleich. Als *Gesamtakt* aber ist er an sich *wertvoller* als der Mitleidsakt, denn Freude ist dem Leide vorzuziehen. Als Wert des Aktvollzuges ist er gleichfalls Zeichen einer edleren Gesinnung – eben da er mehr Hemmungen an möglichem Neide findet. Es steckt also eine utilitarische Verkehrung der echten Wertverhältnisse in jener gemeinen sprachlich zum Ausdruck kommenden Schätzung.

Von den *krankhaften* Arten des Mitfühlens ist zu sagen, daß alle Arten von Perversionen, sofern sie eigenen Zuständen gegenüber stattfinden, auch *fremden* Zuständen gegenüber stattfinden. D.h. wer geneigt ist, sich Schmerz zu bereiten, der neigt auch dazu, dem anderen Schmerz zu bereiten; und wer sich freut am eigenen Schmerz, der freut sich auch am fremden Schmerz, und dies meist auch, wenn der andere daran leidet. Dieser Tatbestand ist sehr merkwürdig. Er ist nicht zu verwechseln mit Freude am Leiden des fremden Schmerzes bei normaler Fühlfähigkeit (d.h. Grausamkeit). Diese Freude ist ethisch ganz negativwertig. Dagegen ist Freude am fremden Schmerz, da man überhaupt Freude am Schmerze hat, an sich kein ethisch negativer Wert, sondern eine krankhafte Erscheinung. Beides wird in Leben und Theorie sehr häufig verwechselt. Man muß daher in solchem Falle immer erst sehen, ob Bosheit und echte Grausamkeit vorliegen oder eine bloße Freude am Schmerz (Algophilie), die auch durch das Mitfühlen hindurchgreifen kann. Es gibt andererseits einen Typus Mensch, der sehr mitleidig aussieht, der aber nur von verkappter Freude am Schmerz erfüllt ist. So ist es bekannt, daß viele Frauen Krankenschwestern werden, weil sie gerne Schmerz usw. sehen, aber trotzdem aus Pflichtbewußtsein helfen und ihre Perversität nur zur Grundlage ihres Berufes machen. Diesem Typus entspricht andererseits der »mitleidheischende« Typus, dem das Sehen des fremden Leidens am eigenen Leide Freude erweckt und der darum Mitleid provoziert – nicht aus utilitarischen Rücksichten, wie der Bettler, der z. B. blind zu sein vorgibt, sondern aus Freude an dem Leiden.[2]

1 Treffend sagt Jean Paul: »Zum Mitleid gehören Menschen; zur Mitfreude Engel.«

2 Anders steht dagegen die Sache, wo die Provokation des Mitleids nur ein Manöver, ein »Experiment« ist, um sei es die Größe der Liebe der anderen Person zu ermessen, sei es die bekannte Liebe sich momentan fühlbar zu machen. Auch die »Bestrafung« eines anderen durch Selbstschädigung und Selbstverletzung gehört hierher; auch in ihr wird seine Teilnahme mit der sich verletzenden Person als Mittel gebraucht, ihn zu strafen. Während bei uns diese Form (in ihren stärkeren Fällen wenigstens) auf Kranke beschränkt ist und besonders ein bekanntes Symptom des »hysterischen Charakters« darstellt, ist sie merkwürdigerweise in Japan und China geradezu eine Volkssitte geworden. So

pflegt man dort durch Hervorrufung der allgemeinen Teilnahme des Volkes mächtige Personen zu »bestrafen«, indem man sich selbst verletzt oder tötet. Die verflossene Revolution Chinas ist während des alten Regimes durch eine große Reihe solcher »strafender Selbstmorde« weitergetrieben worden. Analog dazu pflegt die japanische Frau im Falle, daß sie von ihrem Gatten schlecht behandelt wird, sich häufig selbst zu töten, um ihn hierdurch (d.h. durch die allgemeine Teilnahme mit ihrem Tode) der allgemeinen Verachtung preiszugeben.

Die Antwort des moralischen Gefühls[*]

Von Max Horkheimer

Während in der Periode Kants die durch private Aneignung vermittelte gesellschaftliche Produktion fortschrittlich war, bedeutet sie heute Fesselung von Kraft und ihren Mißbrauch zu Zwecken der Zerstörung. Der im Weltmaßstab sich austragende Kampf der großen ökonomischen Machtgruppen wird unter Verkümmerung guter menschlicher Anlagen, unter Aufbietung von Lüge im Inneren und Äußeren und unter Entwicklung eines unermeßlichen Hasses geführt. Die Menschheit ist in der bürgerlichen Periode so reich geworden, gebietet über so große natürliche und menschliche Hilfskräfte, daß sie geeinigt unter würdigen Zielsetzungen existieren könnte. Die Notwendigkeit, diesen allenthalben durchscheinenden Tatbestand zu verhüllen, bedingt eine Sphäre der Heuchelei, die sich nicht nur auf die internationalen Beziehungen erstreckt, sondern auch in die privatesten eindringt, eine Minderung kultureller Bestrebungen einschließlich der Wissenschaft, eine Verrohung des persönlichen und öffentlichen Lebens, so daß sich zum materiellen noch das geistige Elend gesellt. Nie stand die Armut der Menschen in schreienderem Gegensatz zu ihrem möglichen Reichtum als gegenwärtig, nie waren alle Kräfte grausamer gefesselt als in diesen Generationen, wo die Kinder hungern und die Hände der

[*] Aus: *Materialismus und Moral* (1933)

Väter Bomben drehen. Die Welt scheint einem Unheil zuzutreiben oder sich vielmehr schon in ihm zu befinden, das innerhalb der uns vertrauten Geschichte nur mit dem Untergang der Antike verglichen werden kann. Die Sinnlosigkeit des Einzelschicksals, die durch den Mangel an Vernunft, durch die bloße Natürlichkeit des Produktionsprozesses schon früher bedingt war, hat sich in der gegenwärtigen Phase zum eindringlichsten Kennmal des Daseins gesteigert. Wer Glück hat, könnte seinem inneren Wert nach auch am Platz des Unglücklichsten stehen und umgekehrt. Jeder ist dem blinden Zufall preisgegeben. Der Ablauf seines Daseins steht in keinem Verhältnis zu seinen inneren Möglichkeiten, seine Rolle in der gegenwärtigen Gesellschaft hat meist keine Beziehung zu dem, was er in einer vernünftigen leisten könnte. Das Verhalten des moralisch Handelnden zu ihm vermag sich daher nicht nach seiner Würdigkeit zu richten; wie weit Gesinnungen und Taten wirklich verdienstvoll sind, stellt sich in der chaotischen Gegenwart nicht heraus, »die eigentliche Moralität der Handlungen (Verdienst und Schuld) bleibt uns ..., selbst die unseres eigenen Verhaltens, gänzlich verborgen«.[1] Wir sehen die Menschen nicht als Subjekte ihres Schicksals, sondern als Objekte eines blinden Naturgeschehens, und die Antwort des moralischen Gefühls darauf ist Mitleid.

Daß Kant das Mitleid auf dem Grund des moralischen Gefühls nicht sah, ist aus der geschichtlichen Lage zu erklären. Er durfte vom ungebrochenen Fortschritt des freien Wettbewerbs die Steigerung des allgemeinen Glücks erwarten; denn er erblickte die Welt unter der Herrschaft dieses Prinzips im Aufstieg. Trotzdem war auch zu seiner Zeit das Mitleid nicht von der Moral zu trennen. Soweit Individuum und Ganzes nicht wirklich eins geworden sind, soweit nicht der leichte Tod des von der Angst befreiten Einzelnen ihm selbst als Äußerliches gilt, weil er seine wesentlichen Zwecke mit Recht bei der Allgemeinheit aufgehoben weiß, solange also die Moral noch einen Existenzgrund hat, wohnt ihr das Mitleid ein. Ja, es mag sie überdauern; denn die Moral gehört zu der bestimmten Form der menschlichen Beziehungen, welche diese auf Grund der Wirtschaftsweise des bürgerlichen Zeitalters angenommen haben. Mit der Veränderung dieser Beziehungen durch ihre vernünftige Regelung tritt sie zum mindesten in den Hintergrund. Die Menschen mögen dann gemeinsam ihre eigenen Schmerzen und Krankheiten bekämpfen – es ist nicht abzusehen, was die von den gegenwärtigen gesellschaftlichen Fesseln befreite Medizin zustande bringen wird –, in der Natur aber herrscht weiter das Leiden und der Tod. Die Solidarität der Menschen ist jedoch ein Teil der Solidarität des Lebens überhaupt. Der Fortschritt in der Verwirklichung jener wird auch den Sinn für diese stärken. Die Tiere bedürfen des Menschen. Es ist die Ehre der Schopenhauerschen Philosophie, daß sie die Einheit von uns und ihnen ganz ins Licht gerückt hat. Die größeren Gaben des Menschen, vor allem die Vernunft, heben die Gemeinschaft, die er mit den Tieren fühlt, durchaus nicht auf. Die Züge des Menschen haben zwar eine besondere Prägung, aber die Verwandtschaft seines Glücks und Elends mit dem Leben der Tiere ist offenbar.

1 Kant, *Kritik der reinen Vernunft*, B 579, Fußnote.

Die einzige Gegenkraft[*]

Von Walter Schulz

Das Mitleid ist ein *unmittelbares Verhalten*. Es ist ein Gefühl, das direkt einsetzt beim Anblick des Leidens anderer. Man kann es insofern in Gegensatz zur Vernunft setzen, die als Überlegung des Allgemeinen sich, wie wir noch genauer sehen werden, wesentlich auf die Gestaltung der großen Ordnungen bezieht. Gleichwohl wäre es vollkommen inadäquat, das Mitleid auf das Verhalten innerhalb kleiner Gruppen einzuschränken, insofern für deren Konstitution der personell-individuelle Umgang wesentlich ist. Beim Mitleid sieht man gerade von der bestimmten Person ab und meint nur noch den Leidenden *als Leidenden*. Das Mitleid muß daher von vornherein als ein von persönlichen Bedingungen entschränktes Verhalten angesehen werden, und dementsprechend kann es nicht auf den Bezug zu Menschen, die mir als Vertraute im Nahhorizont begegnen, eingegrenzt werden.

Die Universalität kommt auch dem entsprechenden Gegensatz zum Mitleid, nämlich der *Grausamkeit*, zu. Auch die Grausamkeit ist jedenfalls in ihren radikalen Formen ein apersonales Verhalten. Der andere wird zum *reinen Objekt* der zerstörenden Lust freigesetzt, das heißt, er wird entpersönlicht, sei es in psychischer oder physischer Hinsicht. Das Ziel ist es, seine Menschlichkeit

---

[*] Aus: *Philosophie in der veränderten Welt* (1972)

zu negieren. Dieser Vorgang der Entpersönlichung aber ist und bleibt ein direkter Bezug: man braucht den anderen als *unmittelbares* Objekt, wenn man sein Leiden ansehen und genießen will.

Fälle solcher extremer Grausamkeit mögen zu ihrer Aktualisierung Ausnahmesituationen voraussetzen. Aber gerade Ausnahmesituationen zeigen im Negativen und Positiven Möglichkeiten menschlichen Verhaltens, die der Mensch sich im allgemeinen verdeckt. Um den Sachverhalt beispielhaft zu verdeutlichen: in sogenannten regulären Kriegshandlungen ist der Feind nicht als bestimmte Person gemeint. Man tötet ihn als Angehörigen einer gegnerischen Gruppe, die unter Umständen nicht einmal nach der Sündenbockthese zum Träger des Bösen hochstilisiert werden muß. Wenn aber einmal der für solche Kriegshandlungen geforderte und als notwendig erachtete Wille zur Vernichtung freigesetzt ist, dann kann er sich steigern zu Formen der Vernichtung, wie sie etwa das Foltern darstellt. Diese Formen werden gegenüber einem Gegner angewandt, der gerade wehrlos ist. Der Übergang von den sogenannten regulären Kriegshandlungen zu solchen Vollzugsformen der Grausamkeit aber geschieht in eigentümlich gleitender Weise. Er ist durch keine äußere oder innere Sanktion im vorhinein zu verhindern.

Das gegensätzliche Pendant zur Grausamkeit ist nun, wie wir sagten, das Mitleid. Auf den einzelnen bezogen: Grausamkeit und Mitleid kämpfen im einzelnen *unmittelbar* gegeneinander, und der Ausgang des Kampfes ist ungewiß, insofern auch im Einzelnen die Bereitschaft zur Grausamkeit latent vorhanden ist. Gleichwohl

scheint uns das Mitleid die *einzige* Instanz und Gegenkraft gegen mögliche Perversionen, wie sie das Böse in
seinen extremen Formen darstellt, zu sein. Um noch einmal an den vorhin dargelegten Befund zu erinnern: Mitleid setzt Nähe voraus, nämlich das anschauliche Leiden
eines Gegenüber. Angesichts dieses Leidens erwacht der
unmittelbare Wille zu helfen, gleichgültig, woher das Leiden kommt, ob durch unverschuldete Umstände oder
durch menschliche Grausamkeit. Dieser unmittelbare
Wille zu helfen ist der Wesenscharakter des Mitleids. Von
hier aus läßt sich sagen: das Mitleid ist die äußerste und
letzte Möglichkeit, den Menschen in seiner »nackten
Existenz« zu retten angesichts der unmittelbaren Nega-
tion dieser Existenz.

Das Mitleid ist aber nicht nur ein bei einem gegebenen
Anlaß einsetzender Affekt. Mitleid kann auch über den
vorliegenden Fall hinausgehen und sich als *vorgreifende
Bereitschaft* konstituieren, Leiden, wo auch immer und
wie auch immer es auftritt, zu verhindern oder zu lindern. Wir haben hier wieder eine Form des Erweiterungs-
gesetzes, von dem oben die Rede war, vor uns. Die
ethische Einstellung geht über die Bindung an das Anschauliche hinaus. Und eben dieses Hinausgehen er-
wirkt – das ist das eigentlich Relevante – einen »allgemeinen Gegenwillen« zu der latenten Bereitschaft, den
anderen leiden zu lassen. Dieser Gegenwille betrifft zuerst und zunächst mich selbst, insofern auch in mir diese
Bereitschaft lebendig ist.

Im Mitleiden vollzieht sich, so sagt *Schopenhauer*, eine
Identifikation von Ich und Du, oder vorsichtiger: die
Schranken der Individualität und damit des Egoismus

fallen. Dieser Vorgang ist, so sagt Schopenhauer, ein Mysterium, denn indem ich mit dem anderen mitempfinde, sein Leid als meines fühle, wird meine Identität und die des anderen aufgehoben. Die Universalität des Mitleids ist also keine quantitative, sondern eine qualitative. Sie negiert die Dimension, in der wir im allgemeinen leben und leben müssen, wenn wir uns von den anderen unterscheiden, sei es in egoistischer oder altruistischer Einstellung.

Wir schließen unseren Hinweis auf das Mitleid mit einer Anmerkung ab. Das Mitleid als *Ferntugend* ist keineswegs eine selbstverständliche Haltung. Die Tatsache der Distanzierung angesichts fernen Leidens, das durch die Massenmedien in Bild und Ton unmittelbar vermittelt wird, ist bekannt. Ähnlich wie im Schauspiel erscheint hier das Leiden trotz seiner Anschaulichkeit eigentümlich irreal. Es ist aber neben der soeben angedeuteten negativen Wirkung der Massenmedien doch auch ein positiver Affekt zu beachten. Wenn man das Leiden von Menschen in fernen Ländern auf Grund dieser Medien anschaulich vor sich hat, drängt sich die Forderung auf, sich für die Milderung dieses Leidens einzusetzen. Grundsätzlich gesagt: in der technisch erwirkten Vereinheitlichung der Welt schrumpft die äußere und die innere Möglichkeit einer Isolierung *auch* in moralischer Hinsicht zusammen. Es ist nun erfordert, »allgemein zu helfen«.

Die Struktur der Distanz[*]

Von Käte Hamburger

Wir sind an dem Punkte, das Moment zu erkennen, aus dem sich die dem Mitleidsphänomen innewohnenden Diskrepanzen und damit seine Sinnstruktur erklären lassen. Die Mitleidsethik hat, soweit ich sehe, dieses Moment nicht erkannt oder zu benennen gewußt. Sie hat nur seine in verschiedenster Weise sich offenbarenden Probleme bemerkt und beschrieben, d. h. nur die Symptome einer Beschaffenheit, die natürlich nur durch diese Symptome, d. h. also durch die als Mitleid sich bekundenden Verhaltensweisen, ja die Mitleidstheorien selbst erkennbar werden kann. Wenn wir es wagen, diese Beschaffenheit, durch das Moment des *Unpersönlichen* zu kennzeichnen, so scheint das zunächst der eigentlichen Bedeutung des Begriffes Mitleid als Teilnahme an anderer Mißgeschick und vor allem auch seinem Gefühlscharakter radikal zu widersprechen. Keineswegs soll denn auch bestritten werden, daß die Mitleidsbekundungen, die gewiß die häufigsten ethisch orientierten Äußerungen in Wort und Schrift sind, etwas anderes als solche Teilnahme zum Ausdruck bringen. Und wir dürfen annehmen, daß ein Mitleid Bekundender sich keine Rechenschaft über die Art seiner Bekundung, den Grad seiner Teilnahme ablegt. Es gibt nur ein Kriterium, dessen freilich ein jeder nur in seiner eigenen inneren und

[*] Aus: *Das Mitleid* (1985)

dort schon mehr oder weniger deutlichen Erfahrung gewahr wird. Es ist die von Aristoteles, Thomas von Aquin und Mandeville ausgesprochene Erkenntnis, daß wir denen gegenüber, die uns am nächsten stehen, nicht Mitleid, sondern ganz andere Gefühle haben, wenn sie von Unglück betroffen sind. Am treffendsten hat dies Mandeville begründet, wenn er von dem Gefühl, das wir bei der Nachricht über Mißgeschick von Freunden und uns Nahestehenden empfinden, sagt: »Dies ist kein Mitleid, sondern Kummer und Sorge, dasselbe was wir beim Tode derer, die wir lieben, fühlen.« Damit ist denn nichts anderes gesagt, als daß im Umkreis sehr persönlicher Beziehungen Mitleid nicht in Erscheinung tritt. Denn wir haben es dann mit weit elementareren Gefühlen wie Kummer, Sorge, man kann hinzufügen Angst, Traurigkeit, Trauer zu tun. Die Zurückweisung des Mitleids aus dem Bereich des sehr Persönlichen kennzeichnet es also als einen Affekt, der durch die Qualität des Unpersönlichen charakterisiert ist.

Da aber der Gegensatz von persönlich und unpersönlich nicht kontradiktorisch, sondern konträr ist, kann eine genau zu definierende Grenze nicht gezogen werden. Je nach dem Verhältnis, in dem der Mitleid Bekundende zu dem sein Mitleid Fordernden steht, verschiebt sich die Grenze auf der Skala des Unpersönlichen bzw. Persönlichen des Mitleidsengagements. Und erst wo das ganz und gar Persönliche im Spiel ist, ist die Grenze sichtbar, an der das Mitleid anderen Gefühlen weicht. Derart, daß umgekehrt das Nichtauftreten von Mitleid – in diesem Bereich – die Grenze zwischen dem Unpersönlichen und Persönlichen markiert. Aristoteles und Thomas von

Aquin haben das dadurch zu erklären und zu markieren gesucht, daß sie im Falle eines Nahestehenden, weil dieser ein Teil von uns selbst ist, dessen Leid als eigenes Leid des Mitleidenden und damit nicht mehr als Mitleid (mit fremdem Leid) beschrieben. Aber, wie es die Diskussionen um das Leidensproblem zeigten: Auch der mir am nächsten Stehende ist nicht ich selbst, ich leide nicht wie oder als er selbst, sondern trage um sein Leid »Kummer und Sorge«. Wobei eben Kummer und Sorge, nicht aber sein Leid, mein Leid ist.

Nicht zufällig ist denn nun auch die Grenze zwischen dem Persönlichen und dem Unpersönlichen, die im Gefühlsraum des Mitleids verläuft, am krassesten sichtbar, wo das intimst Persönliche, die erotische Liebe, im Spiele ist. Ein Hauch von Mitleid nur, und das heißt das geringste Eindringen eines unpersönlichen Gefühlsmoments genügt, um sie zu zerstören. Das »nur Mitleid« ist vielleicht der äußerste wie auch schlichteste Ausdruck für die Unpersönlichkeit, die als Natur des Mitleids bezeichnet werden kann. Er trifft in seiner Schlichtheit den wie auch immer verborgenen Nerv dieses Affekts und umreißt zugleich scharf die Kategorie des Anderen, die ihn strukturiert. Wenn wir die heuristische Bedeutung betonten, die Wittgensteins Mitleidsdefinition für die Erkenntnis seiner Struktur hat, so dürfte sie sich schon an diesem Punkte erweisen. Denn Mitleid, definiert als »eine Form der Überzeugung, daß ein Anderer Schmerzen hat«, ist die radikalste Formulierung der Unpersönlichkeit dieser Haltung.

Überblicken wir nun die Diskussionen, die einander widerstreitenden Meinungen und Definitionen der Mitleidsethik, so läßt sich erkennen, daß sie aus dieser von den Theoretikern nicht erkannten Beschaffenheit des Mitleidsaffekts hervorgingen, deren Symptome allein bemerkt und erörtert wurden. Jedoch genügt die Feststellung der Unpersönlichkeit selbst noch nicht, um im einzelnen die Bemühungen der Mitleidstheorien zu klären. Es bedarf dazu der genaueren Kennzeichnung des Strukturelements, aus dem sich sowohl die divergierenden Meinungen als vor allem auch die divergenten Erscheinungsformen und Bezeichnungen des Mitleidsphänomens selbst erklären und herleiten lassen. [...]

Die Unpersönlichkeit kennzeichnet nur die generelle Beschaffenheit des Mitleids. Sie kann als solche nicht darüber aufklären, wie das Mitleidsverhalten funktioniert. Wie es funktioniert, hängt von der Struktur des Mitleidsphänomens ab, die, im Zirkel, ihrerseits natürlich durch seine Beschaffenheit bedingt ist. Wir glauben, diese aus der Unpersönlichkeit hervorgehende Struktur als eine *Distanzstruktur* bezeichnen zu können und in ihr die Ursachen und die Erklärung für die extrem divergierenden Erscheinungsformen und Auffassungen des Mitleidsverhaltens zu erkennen.

Setzen wir bei den positiven Mitleidsauffassungen, den enthusiastischen Verkündern seines ethischen Wertes als der »Grundlage der Moral« an. Nicht zufällig wiesen die Theorien Rousseaus und Schopenhauers bei der genauen Analyse ihrer Behauptungen und Argumentationen Widersprüche und mehr oder weniger gewaltsame spekulative Anstrengungen auf, das Mitleid als Manifestation angeborener Güte oder allgemeiner Nächstenliebe zu definieren. Rousseau stellte im *Discours* zwar fest, daß Mitleid, das er zugleich mit der Selbsterhaltung als dem homme naturel eingeborenen Grundtrieb aufgestellt hatte, legitimerweise zurücktreten müsse, wenn die Selbsterhaltung es erfordere; aber er bemerkte nicht, daß er damit die angeborene Grundtriebhaftigkeit und als solche die Unmittelbarkeit des Mitleidsaffekts wieder aufhob. Dies aber ist ein Indizium, daß das Mitleid kein so unmittelbares, jeder Reflexion entzogenes Gefühl ist, sondern eben sich distanzieren kann, bei Rousseau von der daraus hervorgehenden Absicht, niemals einem anderen Böses zuzufügen, wenn die Selbsterhaltung es erfordert. Wenn Schopenhauer »das alltägliche Phänomen des Mitleids« durch die Vorstellung eines Identifikationsaktes mit dem Du des anderen zu erklären suchte und das Resultat dieses so spekulativ entworfenen wie mittelbaren Vorgangs »die ganz unmittelbare Teilnahme am Leiden eines Anderen« nennt, so überspringt er damit eben die Schwierigkeit, das Mitleid als ein unmittelbares Gefühl zu erklären, und statuiert indirekt seine Distanzstruktur. Und erscheint sie nicht nahezu direkt als das Problem von Wagners Parsifal, auf das schon oben im Zusammenhang der Liebe hingewiesen wurde? Parsifal stellt nicht unmittelbar die Mitleidsfrage, sondern erst »vermittelt« aus eigener Leiderfahrung, und so wird dann Mitleid Wissen, nicht Gefühl.

Daß wir direktere Zeugnisse für das sozusagen untergründige Einwirken der Distanzstruktur auf die Theorien im Rahmen der Liebesproblematik des Mitleids antreffen, mag aus unseren Analysen dieser Theorien schon hervorgegangen sein. Bereits die Meinungsverschiedenheiten über den Anteil der Nächstenliebe am Mitleid zeigen die Unsicherheit darüber an, ob es sich um ein unmittelbares oder mittelbares Gefühlsverhalten handelt. – Noch deutlicher macht die Erörterung über das Leiden am Mitleiden die Distanzstruktur sichtbar. Denn gerade die mehr oder weniger gewaltsamen Bemühungen, das Mitleid als Leiden zu beschreiben – sei es mit oder ohne eigenes Erleiden des Leidens des anderen –, verwischen die Grenze, die im Bereiche des Mitleids die Kategorie des Anderen bezeichnet.

Wenn die ältere Mitleidspsychologie die Furcht, daß ein Mißgeschick wie das des Bemitleideten einen selbst treffen könne, als Wesen des Mitleids erklärte oder ihm Vergnügen verschiedener Art beimischte, so verrät sich darin die Skepsis über den unmittelbar-altruistischen Charakter dieser Mitleid genannten Teilnahme am Mißgeschick anderer Menschen. Eine mehr oder weniger deutliche Distanzerfahrung macht sich in der Tat überall in den Mitleidstheorien geltend, und gerade auch dann, wenn sie zu überspielen versucht wurde.

Blicken wir von den Theorien auf die Zeugnisse negativ-pejorativer Mitleidsbezeichnungen, die seit etwa der Mitte des 19. Jahrhunderts fast häufiger auftreten als die positiven, so bedarf es des besonderen Nachweises der distanzierten Haltung solcher Mitleidsbekundungen nicht mehr. Sie sprechen für sich selbst. In den Wortbildungen »mitleidiges Lächeln, spöttisches, verächtliches, herablassendes, kaltes Mitleid« usw. ist die Distanz des so gekennzeichneten Mitleids zu der Situation des Bemitleideten geradezu das es bestimmende Moment. – Der Zufall wollte es, daß ich beim Abschluß dieses Kapitels auf den Begriff der Distanz selbst als Mitleidsattribut stieß –, bei keinem Geringeren als Thomas Mann: Im *Versuch über Schiller* bezeichnet er ein Urteil Schillers über Hölderlin – »Sein Zustand ist gefährlich, da solchen Naturen so schwer beizukommen ist« – als ein »Urteil distanzierenden Mitleids«.

In solchen pejorativen Mitleidsbezeichnungen ist die Mitleidsstruktur selbst noch insofern erhalten, als sie auf eine Leidsituation bezogen sind, auch wenn diese Gegenstand der Verachtung, des Spottes, der Geringschätzung ist. Wir treffen jedoch auch auf Äußerungen, in denen Mitleid auf Umstände bezogen wird, die im Ernst nicht gerade als Leidsituationen zu bezeichnen sind: wenn z. B. behauptet wird, daß deutsche Autofahrer mit amerikanischen wegen ihres Tempolimits Mitleid haben (*Stuttgarter Zeitung*, 17. 6. 83), oder wenn jemand, der nach zwei gescheiterten Gipfeltreffen der Europäischen Gemeinschaft Wahlkampf für Europa macht, zumindest unser Mitleid verdient (*Stuttgarter Zeitung*, 12. 5. 84). Natürlich sind derartige angenommene mißliche Lagen kaum des Ausdrucks Mitleid wert, der denn auch in diesen Fällen nur den abgeschwächten Sinn der Redewendung »er kann mir leid tun« hat. Aber die Belanglosigkeit dieser eben immer noch Mitleid genannten Reaktionen und der bemitleideten Umstände bezeugt auf ihre Weise seine Distanzstruktur.

Für die Spannweite dieser Distanzstruktur findet sich ein instruktiver Beleg in W. Hildesheimers als (fiktive) Biographie getarntem Roman *Marbot*. Hier ist die Rede von einem Briefe, den Ottilie von Goethe an den fiktiven Sir Andrew Marbot (den der Autor in die wirklichen

Engländer einschiebt, die mit Ottilie Verhältnisse gehabt haben) geschrieben hat: »Wir können nur hoffen, daß er ihr geantwortet hat, mit dem Mitleid, das sie verdient, diese wahrhaft Unglückselige.« Im unmittelbar darauf folgenden Absatz handelt es sich um Eintragungen in Marbots Aufzeichnungen, die seinen Biographen für die Erforschung seines Gefühlslebens von Nutzen werden können, »als streue er Almosen des Mitleids mit unserem Forschungseifer aus«. – Mitleid mit unserem Forschungseifer ist nicht vergleichbar mit dem Mitleid, das die unglückselige Ottilie verdient. Zwischen den beiden Mitleidsformen erstreckt sich ein gutes Stück der Skala des Persönlich-Unpersönlichen. Aber so wie es der Autor unwillkürlich formuliert, hat auch die von ihm erhoffte Mitleidszuwendung Marbots zu Ottilie schon die Note des Unpersönlichen eines »nur noch Mitleid«-Verhaltens. Die Spannweite der Distanzstruktur ist in den beiden Mitleid benannten Bekundungen schon dadurch markiert, daß es das eine Mal einer Person, das andere Mal nur einer Tätigkeit gilt.

Wittgensteins von jedem Gefühlselement befreite Mitleidsformel als eine Form der Überzeugung, daß ein anderer Schmerzen hat, kann als abstraktivste Bezeichnung dieser Distanzstruktur betrachtet werden, indem sie das Mitleidssubjekt und das Mitleidsobjekt auf die allgemeinsten Bezugspunkte reduziert, das Subjekt zur »Überzeugung« entpersönlicht, für das Objekt den ebenso allgemeinen wie abgeschwächten Ausdruck »Schmerzen haben« wählt. Diese äußerste Reduktion der Distanzstruktur auf ein bloßes Bezugsverhältnis könnte das Mitleid als das genaue Gegenteil seines eigenen Begriffs- und

Wortsinnes: eines anteilnehmenden Gefühls und gar eines Schopenhauerschen »Alle Liebe ist Mitleid« erscheinen lassen. Und doch nähert sich Schopenhauer der Wittgensteinschen Formel, wenn er dieses mit der Liebe identische Mitleid als Erkenntnis fremden Leidens definiert und, wie oben gezeigt wurde, gegen seinen Willen damit die Liebe wieder eliminiert.

Die heilende Kraft[*]

Von Werner Marx

Statt eines begründenden Beweises kann mit Hilfe der nichtmetaphysischen Methode einer phänomenologischen Beschreibung aufgezeigt werden, daß die Erfahrung des eigenen Sterblichseins den Menschen auf einen Weg zu schicken vermag, in dessen Verlauf eine »heilende« Kraft, die Kraft des Mit-Leiden-Könnens, mehr und mehr wirksam wird. Diese Beschreibung könnte die Grundlage für die Ausarbeitung einer nichtmetaphysischen Nächstenethik bilden – neben der jüdisch-christlichen metaphysischen Nächstenethik.

Wie wir bereits zu Anfang unserer ersten Betrachtung betont haben, darf die folgende Beschreibung keinesfalls als eine Abschilderung eines aktuellen Geschehens mißverstanden werden. Zunächst wird es darum gehen, das Phänomen der Sterblichkeitserfahrung selbst auszulegen. Für die weitere Beschreibung wird sodann die bereits oben formulierte Frage leitend sein: Wie sieht derjenige Weg aus, auf dem der Mensch nach der Erfahrung seiner eigenen Sterblichkeit schließlich zu der größtmöglichen Übernahme von Verantwortung und zur Ausbildung der Tugenden von Mitleid, Anerkennung und Nächstenliebe gelangen kann? Wir behaupten also nicht, daß die Erfahrung des eigenen Sterblichseins gleichsam »wie von selbst« in den nachfolgend zu beschreibenden

---

[*] Aus: *Ethos und Lebenswelt: Mitleidenkönnen als Maß* (1986)

Weg mündet. Auch völlig andere Wege, die von jener Ausgangserfahrung wegführen, sind möglich. Sie bilden jedoch nicht unser Thema, sondern müßten eigens phänomenologisch beschrieben werden. Bei der Beantwortung unserer Frage nach demjenigen Weg, auf dem sich der Mensch die Tugenden anverwandeln kann, müssen wir bestrebt sein, jede Station auf diesem Weg nicht willkürlich anzusetzen, sondern sie allein aus dem Sein des Menschen her sehen zu lassen.

Unsere Beschreibung ist nur dann sinnvoll und wirkungsvoll, wenn das, was wir phänomenologisch sichtbar machen möchten, von denen, die die Beschreibung lesen, mitgesehen wird: eben als das, was sich als ein Phänomen in seiner Evidenz zeigt. Das Gesehene darf freilich nicht durch gängige Begriffe oder vergleichende Vorstellungen abgedrängt werden.

Vielleicht von irgendeinem Erlebnis ausgelöst, aber auch ganz unversehens kann mit Schrecken der Sinngehalt hervortreten und sich mir zeigen, der sich in dem Satz aussprechen läßt: Ich vergehe fortwährend, oder: Ich sterbe fortwährend. Es ist dieser Sinngehalt, der mich, wenn er mich überfällt, zu einer Anschauung des Todes als der Macht zwingen kann, die mein Dasein ständig, stündlich vergehen läßt. Dieser Sinngehalt ist es, der mich in der wahren Bedeutung des Wortes »entsetzt«, mich heraussetzt aus allen vertrauten Beziehungen und Gewohnheiten im Verhältnis zu mir selbst, zu den Dingen meiner Umwelt und vor allem heraus-setzt aus den alltäglichen Weisen meines Mitseins mit den Mitmenschen. Das Geschehen solchen Heraus- oder Entsetzens ist von einer ihm entsprechenden Gestimmtheit begleitet, die wir als die Stimmung des Entsetzens kennen, nicht von der Angst, die für Heidegger die Grundbefindlichkeit des Daseins ausmacht. Es ist dieses Ent-setzen, das in mir alles Fixe, alle festen Meinungen und Vorstellungen flüssig macht und vor allem jenen Charakterzug zur Auflösung bringt, der für die neuzeitliche Philosophie die Subjektivität des Subjekts kennzeichnet: das willentlich planende Sichselbstbestimmenkönnen.

Vergegenwärtigen wir uns genauer: Bisher war ich mir meiner – wenn auch nur vage – als eines Seienden bewußt, das trotz des in seinem Wesen liegenden Sterblichseins in der merkwürdigen Sicherheit lebte, von einer nahezu »ewigen« Seinsart zu sein. Die Mitmenschen, die anderen, derer ich durch vielartige Interaktionen und Kommunikationen in der gemeinsamen Lebenswelt gewahr war, hatten für mich die Seinsart einer »Mitvorhandenheit«, die sich nur recht wenig von derjenigen Seinsart unterschied, die die Dinge für mich hatten. Die Befindlichkeit, die mein bisheriges Verhältnis zum Sein der Mitmenschen bestimmte – und eben dies zu sehen ist von großer Wichtigkeit – war dabei die einer sehr gefühlsarmen *Gleichgültigkeit.*

Ist es nicht in erster Linie die gefühlsarme Gleichgültigkeit, diese emotionale Lage unserer Beziehungen zu den Mitmenschen, die alle Möglichkeiten freundschaftlicher Verhaltungen verhindert und versperrt? Eine Emotion, ein Affekt, der den Menschen radikal in seinem Innersten treffen würde, könnte der Anfang eines Weges sein, der diese Gleichgültigkeit durchbricht und zu einer Verwandlung der mitmenschlichen Beziehungen führt.

Deshalb konzentrieren wir uns auf einen Weg, der mit diesem radikalen Affekt, dem Entsetzen, beginnt, wohl wissend, daß es noch andere Wege gibt. Was geschieht, wenn sich meine Gestimmtheit der Gleichgültigkeit in die des Entsetzens verwandelt, und wie tritt dann durch weitere Emotionen meine Sterblichkeit als eine »Wahrheit meines Seins« hervor?

Nicht durch eine willentlich-vernünftige Reflexion wurde ich auf einmal dessen inne, daß und wie der ständig und stündlich in mein Dasein hineinreichende Tod am Werke ist und mich vergehen läßt; durch einen Umschlag in meiner Gestimmtheit erfuhr ich mich mit einem Mal als unterwegs auf einem unheilvollen Weg. Nun gilt es, deutlich zu sehen und nachzuvollziehen: Ich, derjenige, der der Tatsache seines Sterblichseins unausweichlich begegnet ist, erfahre des weiteren mit anhaltendem Schrecken und Entsetzen, daß ich auf diesem Weg doch ganz alleine bin und ihn ganz alleine gehen muß. Denn das Besondere der Befindlichkeit des Entsetzens liegt ja mit darin, daß mich das Entsetzen radikal auf mich zurückgeworfen hat, so daß ich mich ganz verlassen fühle und erfahre, daß ich ohne jede Hilfe mein ständiges Vergehen auf mich nehmen muß. Über diesen mich immer weiter durchzitternden Schrecken und das von ihm ausgelöste Entsetzen habe ich keinerlei Kontrolle, anders als bei meinen vernünftigen Reflexionen, zu denen ich mich willentlich bestimmen kann oder derer ich mich enthalten kann. Der entsetzende Schrecken ist es, der als eine neue Gestimmtheit die Gestimmtheit der Gleichgültigkeit völlig aufzuheben vermag und in diejenige äußerster Verlassenheit und Hilflosigkeit führt. Entsetzen, Verlassenheit und Hilflosigkeit sind die Gestimmtheiten, die jetzt an die Stelle der Gleichgültigkeit getreten sind und meine naive Sicherheit als bloßen Schein, als einen bloßen Firnis entlarven.

Wir sehen jetzt genauer: Es ist nicht nur der Zustand der radikalen Auflösung alles Fixen in mir, es sind zugleich auch die durch das schreckenerfüllte Entsetzen hervorgerufenen Emotionen von Verlassenheit und Hilflosigkeit – diese ganze Befindlichkeit, dieses emotionale Element ist es, innerhalb dessen weitere Verwandlungen stattfinden können. Durch sie verändert sich für mich die Seinsart der Mitmenschen als der anderen zunehmend, und mein Verhältnis zu ihnen kann sich in eine Beziehung verwandeln, in der sie erstmalig wirklich zu *anderen* werden, und zwar im wahren Sinne dieses Wortes zu anderen in und aus dem Bezug zu mir als dem *einen*, somit – wie Hegel diese Beziehung in der *Phänomenologie des Geistes* nannte – zu »anderen meiner selbst«.

Mit jener Gestimmtheit des Verlassenseins und der Hilflosigkeit beginnt nun eine neue Strecke des Erfahrungsweges. Um sie sehen zu können, müssen wir uns vergegenwärtigen, daß doch ein jeder, ob in der Stimmung der Gleichgültigkeit oder nicht, in einer sozialen Lebenswelt lebt, in der wir alle eben als soziale Wesen miteinander sprechen und aufeinander hören. Sozialität gehört zu unserem Wesen ebenso wie Sterblichkeit. Deshalb kann im Menschen gerade dann, wenn das Entsetzen über sein ständiges Sterben ihn in die Gestimmtheit des Verlassenseins und der Isolation getrieben hat, die Sehnsucht nach Gemeinschaft wieder wach werden. Es kann einen Punkt geben, an dem er, eben weil er ein soziales, ein sprechendes und hörendes Wesen ist, die Gestimmtheiten völliger Verlassenheit und Hilflosigkeit nicht länger ertragen kann. Obgleich sie ihn auch in eine totale Resignation und Verzweiflung, ja zum Selbstmord zu treiben vermögen, kann sich doch die Sehnsucht nach Gemeinschaft durchsetzen; dann kommt der Augenblick, in dem er – vielleicht auch nur auf lautlose Weise – den Mitmenschen als seinen anderen um Hilfe anflehen, seine Zuwendung erbitten und hoffen wird, daß der andere sich ihm so nähert, wie er sich dem anderen nähert.

Eben dadurch verändert sich radikal die Seinsart, die die anderen für mich haben. Waren sie vorher nur in Gleichgültigkeit erfahrene Mitvorhandene, so sind sie jetzt für mich zu denen geworden, die mir helfen, »Helfer in der Not« sein könnten. Diese Verwandlung ist nicht durch die Macht des Gedankens erfolgt, nicht durch das Walten des dialektischen Begriffs, sondern sie ist eine Verwandlung innerhalb des Bereichs meiner Affektizität, des Emotionalen, der Gestimmtheit. Diese Verwandlung ist es, die mich in ein neues Verhältnis zu den Mitmenschen gebracht hat.

Aber wieso hoffe ich denn überhaupt, daß mir Mitmenschen zu »Helfern in der Not« werden könnten? Für eine solche Hoffnung ist doch mehr als eine veränderte emotionale Haltung nötig, die allein durch die Kraft der Stimmungen bewirkt werden könnte. Heidegger hatte – wie erwähnt – gezeigt, daß Gestimmtheiten von einer vorprädikativen Vernünftigkeit begleitet sind. Aristoteles kommt in der *Nikomachischen Ethik* auf eine Art vernünftigen Wahrnehmens zu sprechen, das intuitiv ist und auf Anhieb um das Richtige, das es jeweils zu tun gilt, weiß, ohne durch rationale Argumentationen dahin gelangt zu sein. Er nennt diese Art des Wahrnehmens *nous*, Geist, im Unterschied zur sinnlichen Wahrnehmung. Er wollte damit darauf hinweisen, daß es im Bereich ethischer Praxis ein erhellendes und sie vernünftig leitendes »Sehen« gibt. Eben sie ist die *Einsicht*, die alle Gestimmtheiten begleitet. Es gibt ein nichtsinnliches Wahrnehmen in der Gestalt eines »Sehens«, das vor allen diskursiven Überlegungen und vor jedem ausdrücklichen Urteilen liegt. Dieses Sehen läßt sich in traditioneller Terminologie als eine »intuitiv sehende Vernunft« bestimmen. Sie »sieht« in unterschiedlichen Gestimmtheiten die Dinge und die Mitmenschen je anders. Der emotionalen Nähe zu den Nächsten entspricht somit eine bestimmte Weise, sie intuitiv vernünftig zu sehen.

Die durch das Entsetzen bewirkte Auflösung alles Fixen in mir und alles Sichdurchsetzenwollens sowie jener Zustand äußerster Verlassenheit und Hilflosigkeit haben mich aus der Gefangenschaft der Begrenzungen befreit, die die gefühllose Gleichgültigkeit über mich verhängte. Von ihr befreit, »fühle« ich mich dem anderen nicht nur emotional näher, sondern ich »sehe« ihn in gewandelter Weise. Nur wenn ich auf jenem emotionalen Weg einen neuen Freiheitsraum erlangt und mich dadurch emotional einem intuitiv vernünftigen Sehen geöffnet habe, zeigt sich der Mitmensch meiner verwandelten Gestimmtheit und meinem vernünftigen Sehen erst wirklich als der »andere meiner selbst«. Alles unmittelbar wahrnehmende vernünftige Sehen geht mit einem ebenso vernünftigen unmittelbaren »Hören« zusammen. Ich vermag, da ich so emotional verwandelt bin, nicht nur den anderen als meinen anderen intuitiv vernünftig zu *sehen*, sondern auch seinen *Anspruch* intuitiv vernünftig zu *hören* – genau so, wie nur derjenige, der wirklich zum Glauben verwandelt ist, den Anspruch Gottes an ihn zu hören vermag.

In welchem Sinn ist hier von einem »Anspruch« des anderen an mich die Rede? Vergegenwärtigen wir uns noch einmal: Ein jeder ist als ein sprechendes Wesen geboren, gehört einer sprachlich verfaßten Welt an. Darum suche ich den anderen als ein Wesen, das, wie ich selbst, sprechen und auch hören, auf mich »hören« und mir »zuhören« kann – auch ohne das Organ des Gehörs. Bin ich emotional dafür bereit, dann höre und sehe ich den anderen ja nicht mehr in gleichgültiger Gestimmtheit, sondern in der Gestimmtheit äußerster Not. Und so erhoffe ich mir von ihm eine »teilnehmende« Antwort. Wenn ich mich ihm, sie suchend, emotional nähere und in dieser Gestimmtheit auch intuitiv vernünftig sehend und hörend wurde, dann ist dies gewiß kein Suchen nach »Kommunikation«, die es nur in der Gestimmtheit der Gleichgültigkeit gibt, sondern ein »Appell« an den Mitmenschen als meinen anderen.

Was höre und sehe ich intuitiv vernünftig in dieser Gestimmtheit der Nähe? Ich sehe und höre, daß der Mitmensch, wenn auch eine andere Person, so doch kein Fremder ist. Denn ich höre und sehe, was ich in der Gestimmtheit der Gleichgültigkeit niemals hören und sehen konnte, daß er ebenso wie ich, von seiner Geburt an, dem Tode überantwortet, ständig und stündlich vergehen muß, daß er ein »Sterblicher« ist wie ich, daß er, der für mich in meiner Gestimmtheit des Verlassenseins allein seiner Existenz wegen der Helfer in meiner Not wurde, ebenso meiner Hilfe in seiner Not bedarf und meines Sich-ihm-Näherns – daß er mein Nächster als Schicksalsgenosse ist, der eben als ein solcher genauso einen Anspruch auf meine Hilfe hat, wie ich sie auf seine habe. Aber wird er allein dadurch, daß ich ihn als einen solchen Schicksalsgenossen erfuhr, in diesem Sinn auf Dauer mein »Nächster«? Das wird er erst dann, wenn sich mein Sehen und Hören mehr und mehr aus jener Gefangenschaft der Gleichgültigkeit befreit haben und ein wenn auch vielleicht lautloses Gespräch mit ihm als meinem anderen möglich wurde und ich ihn dadurch mehr und mehr bei aller Verschiedenheit seiner Person als meinen »Verwandten« zu erfahren lerne.

Da meine intuitiv vernünftige Einsicht und mein intuitiv vernünftiges Hören der Forderung, die der andere an mich richtet, von emotionaler Gestimmtheit vorbereitet und von ihr begleitet bleiben, braucht kein weiterer Faktor eingeführt zu werden, der zu erklären hätte, wie meine Einsicht und mein Hören der Forderungen anderer in Handlungen umgesetzt werden. Während ethische Entwürfe, die von Maximen, Imperativen, Regeln ausgehen, umständlich erklären müssen, wie ein Individuum dazu kommt, diese Regeln anzuerkennen, die möglicherweise mit den eigenen Neigungen in Widerspruch stehen, handelt derjenige, der als emotional Verwandelter den anderen als seinen anderen auch vernünftig sah und seinen Ruf vernommen hat, ohne weiteres gemäß dieser Einsicht und dieses Rufes, und das besagt, er übernimmt die Verantwortung, die damit verbunden ist.

Da ich nun erstmals den anderen in seinem ihn *als* anderen bestimmenden Sein erfahren habe, ist auch meine gleichgültige Gestimmtheit durchbrochen. Daß dies überhaupt möglich war, daß ich überhaupt dem anderen in dieser völlig gewandelten Weise zu begegnen vermag, ist nicht wiederum aus dem bloßen Faktum, daß es geschehen ist, aufzuklären: Es gründet als zu ergreifende Möglichkeit in der Seinsverfassung des Daseins selbst. Somit weist die Erfahrung des anderen als anderen meiner selbst, die meine anteilnehmende Zuwendung motiviert, auf eine Seinsstruktur des Daseins zurück, die *in einem* mit jener Erfahrung erschlossen und in meiner Zuwendung zum anderen wirksam wird. Diese im Dasein gründende Möglichkeit, sich auf gestimmte und intuitiv verstehende Weise zum anderen und zu den anderen zu verhalten, an seinem und ihrem Geschick teilzunehmen, nenne ich das *Mit-Leiden-Können*. Es ist das dem Menschen gegebene Vermögen, mitleiden zu können am Leben schlechthin, an dem somit, was dem anderen und allen anderen wie mir gemeinsam ist, an der dem Leben zugehörigen Vergänglichkeit. Denn – man mache sich das immer wieder klar – es gibt auf diesem einen Planeten, in dem gefühllosen Weltenraum, ein Wesen, das diese Möglichkeit, mitleiden zu können, in sich trägt. Nietzsche prangert in neuerer Zeit das Gefühl des Mitleidhabens als ein der christlichen Moral entstammendes Vorurteil an. Schopenhauer bewegte die Möglichkeit, Mitleid zu empfinden, zutiefst; es fand aber für ihn seinen adäquaten Ausdruck nur in einer Grundhaltung, die, das *principium individuationis* durchschauend, den Willen zum Leben schlechthin aufgibt.

Demgegenüber sehen wir aufgrund unserer bisher durchgeführten Analyse, daß das in einem Dasein erschlossene Mit-Leiden-Können sich als eine eigentümliche *Kraft* äußert, welche in den konkreten anteilnehmenden Bezügen wirksam ist. Das von dieser Kraft erfüllte anteilnehmende Verhalten kann sich weiter ausbilden bis hin zu dem Grade, wo es sich in Charakterhaltungen gefestigt hat. Es sind dies diejenigen Gestalten, die ihrerseits als Möglichkeiten dem mitmenschlichen Zusammensein *a priori* vorgezeichnet sind, die das Dasein aber zumeist in der Seinsweise der Gleichgültigkeit nicht ergreift. Es sind diejenigen Gestalten, in denen ich gestimmt und intuitiv vernünftig auf den anderen bezogen bleibe wie vor allem bei Anerkennung, Mitleid und Nächstenliebe. Diese Gestalten, welche die philosophische Tradition von altersher als Tugenden zu bestimmen suchte, vermögen durch die wirksam gewordene und sie durchströmende Kraft des Mit-Leiden-Könnens zu ihrer vollen, sich festigenden Ausbildung zu gelangen. Dabei bedeutet diese Kraft für sie mehr als nur Weckung und Verlebendigung; sie gibt ihnen, sie durchwirkend, Intensität und die Dimension, in der sie ihrerseits das Leben eines Menschen als eines verantwortungsvoll Handelnden prägen: Mit einem Wort, die wirkende Kraft des Mit-Leiden-Könnens ist das *Maß*, das die einzelnen Gestalten wie Anerkennung, Mitleid und Nächstenliebe durch und durch bestimmt.

Textquellennachweise

Aristoteles
Gründliche Beschreibung eines gewissen Schmerzgefühls, S. 46; aus:
Rhetorik, 1385 b-1386 b. Übersetzt von Franz G. Sieveke. Wilhelm
Fink Verlag, München 1980. (Das System der Ergänzungen des Über-
setzers wurde für diese Ausgabe vereinfacht)

Ubaldo Cassina
Eine Modifikation der allgemeinen Liebe zu unserem Wohlsein,
S. 113; aus: Analytischer Versuch über das Mitleiden. Herausgegeben
und mit Anmerkungen versehen von J. B. Gualengo. Aus dem Italieni-
schen übersetzt von C. F. Pockels. Hannover 1790, S. 3-15

Hermann Cohen
Die Urform der Menschenliebe, S. 166; aus: Religion der Vernunft aus
den Quellen des Judentums. Nachdruck der 2. Aufl. (1929) Darmstadt
1966, S. 168-171

Denis Diderot
Das Fundament der geselligen Tugenden, S. 121; aus: Guillaume Ray-
nal und Denis Diderot, Die Geschichte beider Indien. Übersetzt von
Johann Martin von Abele. Hrsg. von Hans-Jürgen Lüsebrink. Nördlin-
gen 1988, S. 175 f. © Eichborn GmbH & Co Verlag KG, Franfurt am
Main, 1988

Käte Hamburger
Die Struktur der Distanz, S. 184; aus: Das Mitleid. Klett-Cotta © J. G.
Cotta'sche Buchhandlung Nachfolger GmbH, gegr. 1659, Stuttgart
1985, S. 104-109

Claude Adrien Helvétius
Die reine Wirkung der Selbstliebe, S. 109; aus: Vom Menschen. Her-
ausgegeben und übersetzt von Günther Mensching. Suhrkamp Verlag
Frankfurt am Main 1972, S. 273-276

Max Horkheimer
Die Antwort des moralischen Gefühls, S. 177; aus: Gesammelte Schrif-
ten, Band 3: Schriften 1931-1936. Herausgegeben von Alfred Schmidt.
© S. Fischer Verlag, Frankfurt am Main 1988, S. 135 f.

David Hume
Ein Nebeneffekt, S. 73; aus: Ein Traktat über die menschliche Natur.

Übersetzt von Theodor Lipps (1904). Herausgegeben von Reinhard Brandt. Bd. 2. Felix Meiner Verlag GmbH, Hamburg 1978, S. 103-106

Francis Hutcheson
Mitleid als Motiv zur Tugend, S. 68; aus: Eine Untersuchung über den Ursprung unserer Ideen von Schönheit und Tugend. Über moralisch Gutes und Schlechtes. Übersetzt und mit einer Einleitung herausgegeben von Wolfgang Leidhold. © Felix Meiner Verlag GmbH, Hamburg 1986

Immanuel Kant
Eine gewisse Weichmütigkeit, S. 107; aus: Kants Werke. Akademie-Textausgabe. Bd 2. Berlin 1968, S. 213 f.

Laktanz
Ein Gefühl, das allein dem Menschen zuteil wurde, S. 54; aus: Divinae institutiones III, 23 u. Institutionum epitome 33 (38) für diesen Band übersetzt von Walter Thüringer nach: L. Caeli Firmiani Lactani, Opera Omnia. Herausgegeben von Samuel Brandt und Georgius Laubmann. Bd. 1. Prag, Wien, Leipzig 1890

Gotthold Ephraim Lessing
Der mitleidigste Mensch ist der beste Mensch, S. 86; aus: Briefe von und an Lessing 1743-1770. Herausgegeben von Helmuth Kiesel (= G. E. Lessing, Werke und Briefe Bd. 11/1). Deutscher Klassiker Verlag, Frankfurt am Main 1987, S. 117-122. (Anmerkung vom Herausgeber)

Bernard Mandeville
Alle Menschen sind ihm mehr oder weniger unterworfen, S. 58; aus: Die Bienenfabel. Aus dem Englischen übersetzt von Otto Bobertag, Dorothea Bassenge und Friedrich Bassenge. Berlin 1957, S. 224-231

Werner Marx
Die heilende Kraft, S. 193; aus: Ethos und Lebenswelt: Mitleidenkönnen als Maß. © Felix Meiner Verlag GmbH, Hamburg 1986, S. 18-25

Moses Mendelssohn
Dieses himmlische Gefühl, S. 78; aus: Philosophie und Ästhetik. Bd. 1. (= Gesammelte Schriften, Jubiläumsausgabe, Bd. 1) Bearbeitet von Fritz Bamberger. Berlin 1929, S. 109 f.

Friedrich Nietzsche
Von den Mitleidigen, S. 141; aus: Werke. Abteilung 6, Bd. 1 (Zarathu-

stra), Berlin 1968, S. 109-112; *Seid mir gewarnt vor dem Mitleiden*, S. 162; aus: Werke. Herausgegeben von Giorgio Colli und Mazzino Montinari. Abteilung 5, Bd. 1 (Morgenröte). Berlin, New York 1971, S. 120-138

Platon

Die Dichtkunst, die Mitleid erregt, verdirbt die nach Tugend Streben-den, S. 44; aus: Politeia – Der Staat, 605 c-606 b. Sämtliche Werke in zehn Bänden. Band V. Griechisch und deutsch. Nach der Übersetzung von Friedrich Schleiermacher, ergänzt durch Übersetzungen von Franz Susemihl und anderen. Herausgegeben von Karlheinz Hülser. Insel Verlag Frankfurt am Main und Leipzig 1991

Jean-Jacques Rousseau

Die reine Regung der Natur, S. 81; aus: Diskurs über die Ungleichheit/ Discours sur l'inégalité. Zweisprachige Ausgabe. Herausgegeben und übersetzt von Heinrich Meier. Ferdinand Schöningh Verlag, Paderborn, München, Wien, Zürich, 4. Aufl. 1997 (UTB 725) S. 141-151 (Hinweise in Klammern vom Herausgeber); *Erziehung zum Mitleid*, S. 92; aus: Emile oder über die Erziehung. Übersetzt von Josef Esterhues. Ferdinand Schöningh Verlag, Paderborn, 12. Aufl. 1995 (UTB 115), S. 242-250

Max Scheler

Mitleid und Mitfreude und Modi ihrer Arten, S. 172; aus: Gesammelte Werke. Bd. 7. A. Francke Verlag, Bern u. München 1973, S. 142-144. Abdruck mit freundlicher Genehmigung des Bouvier Verlags, Bonn.

Arthur Schopenhauer

Die allein echte moralische Triebfeder, S. 123; aus: Werke. Zürcher Ausgabe. Bd. 6. Zürich 1977, S. 242-251. (Anmerkungen vom Herausgeber); *Das große Mysterium der Ethik*, S. 136; aus: Werke. Zürcher Ausgabe. Bd. 6. Zürich 1977, S. 310-313

Walter Schulz

Die einzige Gegenkraft, S. 180; aus: Philosophie in der veränderten Welt. Verlag Günther Neske © J. G. Cotta'sche Buchhandlung Nachfolger GmbH, gegr. 1659, Stuttgart 1972, S. 750 f.

Lucius Annaeus Seneca

Der Mangel eines kleinen Geistes, S. 50; aus: De clementia – Über die Güte, 2. Buch, 4,3-6,4. Herausgegeben von Karl Büchner. Philipp Reclam jun., Stuttgart 1986

Benedict de Spinoza
Mitleid ist an sich schlecht, S. 56; aus: Die Ethik nach geometrischer Methode dargestellt. Übersetzt von Otto Baensch. Felix Meiner Verlag GmbH, Hamburg ²1910, S. 232 f.

Anthologien
im insel taschenbuch

Anthologien
im insel taschenbuch

Anthologien
im insel taschenbuch

163/3/12.96

Philosophie
im insel taschenbuch

Philosophie
im insel taschenbuch

Philosophie
im insel taschenbuch

Philosophie
im insel taschenbuch

167/4/12.96

Klassische deutsche Literatur
im insel taschenbuch

Klassische deutsche Literatur
im insel taschenbuch

Klassische deutsche Literatur
im insel taschenbuch

161/3/12.96

Klassische deutsche Literatur
im insel taschenbuch

Johann Wolfgang Goethe: Rameaus Neffe. Ein Dialog von Denis Diderot. Übersetzt von Goethe. Zweisprachige Ausgabe. Mit Zeichnungen von Antoine Watteau und einem Nachwort von Horst Günther. it 1675

- Reineke Fuchs. Mit Stahlstichen nach Zeichnungen von Wilhelm Kaulbach. it 125
- Römische Elegien und Venezianische Epigramme. Herausgegeben von Regine Otto. it 1150
- Sollst mir ewig Suleika heißen. Briefwechsel mit Marianne und Johann Jakob Willemer. Herausgegeben von Hans-J. Weitz. it 1475
- Verweile doch. 111 Gedichte mit Interpretationen. Herausgegeben von Marcel Reich-Ranicki. it 1775
- Die Wahlverwandtschaften. Ein Roman. Erläuterungen von Hans-J. Weitz. Mit einem Essay von Walter Benjamin. it 1 und it 1639
- West-östlicher Divan. Mit Essays zum ›Divan‹ von Hugo von Hofmannsthal, Oskar Loerke und Karl Krolow. Herausgegeben und mit Erläuterungen versehen von Hans-J. Weitz. it 75
- Wilhelm Meisters Lehrjahre. Herausgegeben von Erich Schmitt. Mit sechs Kupferstichen von Catel, sieben Musikbeispielen und Anmerkungen. it 475
- Wilhelm Meisters Wanderjahre oder die Entsagenden. Mit einem Nachwort von Adolf Muschg. it 575

Goethe für junge Leser. Mit einem Vorwort und allerlei Kommentaren und Zwischenreden des Herausgebers Jörg Drews. it 1825

Goethes Briefe an Charlotte von Stein. 3 Bde. in Kassette. Herausgegeben von Julius Petersen. it 1125

Goethes Gedanken über Musik. Eine Sammlung aus seinen Werken, Briefen, Gesprächen und Tagebüchern. Herausgegeben von Hedwig Walwei-Wiegelmann. Mit achtundvierzig Abbildungen, erläutert von Hartmut Schmidt. it 800

Goethes Liebesgedichte. Herausgegeben von Hans Gerhard Gräf mit einem Nachwort von Emil Staiger. it 275

Der Briefwechsel zwischen Schiller und Goethe. 2 Bde. Herausgegeben von Emil Staiger. Mit Illustrationen. Bildkommentar von Hans-Georg Dewitz. it 250

Johann Wolfgang Goethe / Friedrich von Schiller: Sämtliche Balladen und Romanzen in zeitlicher Folge. Herausgegeben von Karl Eibl. it 1275M

Manfred Wenzel: Goethe und die Medizin. Selbstzeugnisse und Dokumente. Herausgegeben von Manfred Wenzel. Mit zahlreichen Abbildungen. it 1350

161/4/12.96

Klassische deutsche Literatur
im insel taschenbuch

Klassische deutsche Literatur
im insel taschenbuch

161/6/12.96

Klassische deutsche Literatur
im insel taschenbuch

161/7/12.96